NOTICE

SUR

ABOU-IOUSOUF HASDAÏ IBN-SCHAPROUT,

MÉDECIN JUIF DU DIXIÈME SIÈCLE.

NOTICE

SUR

ABOU-IOUSOUF HASDAÏ IBN-SCHAPROUT,

MÉDECIN JUIF DU DIXIÈME SIÈCLE,

MINISTRE

DES KHALIFES OMEYYADES D'ESPAGNE 'ABD-AL-RAHMAN III ET AL-HAKEM II,

ET PROMOTEUR DE LA LITTÉRATURE JUIVE EN EUROPE,

PAR

PHILOXÈNE LUZZATTO

(DE TRIESTE),

Membre de la Société Orientale allemande,
Membre correspondant de l'Académie impériale des Sciences,
Lettres et Arts de Padoue.

PARIS.

IMPRIMERIE DE Mme Ve DONDEY-DUPRÉ,

RUE SAINT-LOUIS, 46.

1852

A MONSIEUR GABRIEL TRIESTE

(DE PADOUE),

HOMMAGE RESPECTUEUX

de l'Auteur reconnaissant.

L'histoire des Juifs considérés comme société religieuse se partage naturellement en trois grandes époques, correspondantes aux trois périodes de leur développement intellectuel et moral.

La première commence avec Moïse et se termine avec l'émigration babylonienne qui eut lieu en 588 avant l'ère vulgaire.

La deuxième va de 588 avant l'ère vulgaire jusqu'à la moitié du dixième siècle après la même ère.

La troisième va de la moitié du dixième siècle jusqu'aujourd'hui.

La première de ces trois époques est celle de la domination exclusive de la loi de Moïse.

La deuxième est celle du développement, nécessité par les circonstances, de la loi de Moïse, tantôt plus et tantôt moins apparent, lent et progressif, opéré par les docteurs de la nation, presque toujours réunis en assemblée, dont l'autorité était reconnue par la nation entière.

La troisième époque commence avec l'émancipation d'une grande partie de la nation, et précisément de celle qui habitait le midi de l'Europe, de l'autorité des assemblées résidentes en Orient (dont cette émancipation accéléra la ruine), par l'introduction, parmi les juifs de cette partie de l'Europe, de l'étude scientifique de la langue hébraïque, de celle de la jurisprudence religieuse et civile dont le Talmud est le code, de celle de la poésie, de la philosophie, de l'astronomie et des autres sciences.

Rechercher les motifs de cette subite transformation parmi les juifs de l'Europe, c'est-à-dire les circonstances sous l'influence desquelles s'opéra en eux ce changement, et faire connaître mieux qu'il ne l'a été jusqu'ici un de ses principaux agents; voilà le but que je me suis proposé dans cet opuscule qui servira aussi, je l'espère, à éclaircir un des épisodes les plus intéressants de l'histoire d'Espagne au dixième siècle.

NOTICE

SUR

ABOU-IOUSOUF HASDAÏ IBN-SCHAPROUT,

MÉDECIN JUIF DU DIXIÈME SIÈCLE.

Chacun connaît les célèbres académies juives de Néhardéa, Pumbeditha et Sora, dans la Mésopotamie et dans la Babylonie, où s'élabora, dans les cinq premiers siècles de l'ère vulgaire, cette masse de lois religieuses et civiles dont la réunion par écrit forma, depuis, ce qu'on est convenu d'appeler parmi les Juifs le *Talmud* ou la *Guemarà*, c'est-à-dire l'*étude*, par antonomase.

La Babylonie, pour me servir des paroles d'un écrivain qui a traité naguère avec beaucoup d'érudition cette partie de l'histoire juive (1), la Babylonie fut le champ d'ensemencement des différentes sortes de littérature juive : là, furent jetés les premiers germes pour le développement ultérieur de l'Hagadà et de l'Halachà, de la doctrine des lois canoniques et de la création des dires ; là, se forma la poésie religieuse et la gnomique, la philosophie religieuse et le développement du Midrasch ; là, spécialement, furent ouvertes ces voies, ébauchées ces routes, dans lesquelles la littérature juive s'avança depuis.

Mais vers la moitié du dixième siècle un mouvement s'opéra, qui fit refluer la science juive de la Babylonie vers l'Espagne, d'où elle se répandit dans le reste de l'Europe. Avant cette époque, l'Europe hébraïque était restée sans culture propre, et les études religieuses et scientifiques y étaient totalement négli-

---

(1) Fürst, *Kultur-und Literaturgeschichte der Juden in Asien*, Leipzig, 1849, p. 2.

gées ; ceux qui voulaient s'instruire devaient voyager dans l'Orient et se porter à Pumbeditha ou à Sora, où était concentré tout le savoir du judaïsme.

Il fallait qu'un peuple, sorti de la même souche que les juifs, parlant une langue semblable à la leur, dont les croyances et les usages avaient une grande conformité avec ceux des juifs, en sortant de son pays natal, l'Arabie, se répandît comme un torrent sur les pays des Persans et des Grecs, et de là, passât les frontières qui le séparaient encore de la race germanique, pour que les juifs qui demeuraient asservis sous le joug de cette race, pussent se relever de leur abaissement spirituel, moral et social.

Il fallait qu'une race éminemment poétique, spirituelle et pleine d'aptitude pour les sciences, vînt, du fond de l'Arabie, s'approprier, non-seulement les richesses matérielles, mais aussi les richesses intellectuelles des peuples qu'elle soumettait dans sa marche victorieuse à travers le monde, pour que le descendant des Lévites de Jérusalem détachât la harpe qu'il avait suspendue aux saules de l'Euphrate, pour chanter encore une fois les louanges du Dieu d'Israël, pour célébrer la générosité, la magnificence et les exploits des hommes éminents que Dieu avait fait sortir de son sein pour leur confier la défense de son peuple dans les conseils des princes étrangers, et pour se lancer, plein d'ardeur et d'émulation, dans la carrière des sciences après les Arabes qui la leur avaient ouverte.

Réduits à un état d'abaissement que rien n'égala ni avant ni après dans tous les pays de la chrétienté, les juifs, sous les Goths d'Espagne, traqués comme des bêtes fauves dans leurs repaires, réduits en esclavage sans qu'il leur restât rien de propre, pas même les femmes et les enfants, ne pouvaient penser assurément à cultiver leur esprit ; ils gémissaient en attendant, et c'était tout. En effet, cet état de choses ne dura pas longtemps ; en 710 se fit la descente des Arabes sur les côtes de l'Andalousie, et en peu de temps ils furent maîtres de la presque totalité de la Péninsule. Les juifs, qui vivaient sous les Goths, reçurent les Arabes en vrais libérateurs ; on dit même qu'ils leur facilitèrent la prise de quelques villes ; les juifs connaissaient bien le pays qu'il s'agissait de conquérir ; les juifs parlaient la langue des Goths, et devaient apprendre plus facilement que ceux-ci la langue des

Arabes : voilà autant de motifs pour qu'ils reçussent de la part
des derniers un traitement bien différent de celui des chrétiens.

Dans la suite, lorsqu'un gouvernement régulier s'établit en Andalousie, et qu'un descendant des khalifes omeyyades occupa
le trône de Cordoue en 756, la situation des Juifs dut devenir
encore plus satisfaisante, et, en les habituant à une vie sûre et
tranquille, dut les rendre plus aptes aux occupations scientifiques
et littéraires, d'autant plus que les Arabes leur donnaient
l'exemple dans tous les genres. La poésie, l'occupation bien-aimée
des Arabes, excitée par les vertus et par les exploits de leurs
rois, se répandit bientôt parmi les Juifs, qui commencèrent à
s'en occuper dans le neuvième siècle ; la médecine, comme
science pratique, dut trouver aussi quelque faveur parmi les
Juifs, ainsi que parmi les Arabes, car, dans le siècle suivant,
nous les voyons déjà renommés dans cet art.

Avec l'année 911 de l'ère vulgaire s'ouvrit l'ère la plus splendide de la domination des Arabes en Espagne ; c'est celle du règne
d'Abd-al Rahman III, fils de Muhamad, successeur d'Abdala, et
surnommé Al-Nacir-Ledîn-Allah, *défenseur de la loi de Dieu*. Sous
ce roi, qui vécut jusqu'en 961, les sciences prirent un nouvel
essor par la protection que leur accordait le roi, qui allait jusqu'à
donner des emplois publics aux savants et aux poëtes les plus
célèbres. La conduite du prince influait sur celle de ses ministres,
qui ouvraient leurs maisons aux savants, les changeant ainsi en
de vraies académies.

Ce prince ne fut pas moins heureux dans les armes, qu'il porta
tantôt en Afrique, tantôt en Espagne, contre les différents sou-
verains qui se partageaient le pays des chrétiens. Sa renommée
était répandue dans tout le monde, et des ambassades lui arrivaient de toutes parts. L'an 949, l'empereur grec de Constantinople, Romain II, ennemi déclaré des khalifes Abbassides
de Bagdad, dont il avait toujours à craindre les assauts, envoya
une ambassade avec de magnifiques cadeaux à Abd-al-Rahman,
qui, comme celui dont la famille avait été dépossédée du khalifat
par les Abbassides, avait pour eux une haine non moins grande
que celle des empereurs Byzantins.

Parmi les cadeaux de Romain, il y avait un exemplaire grec
de l'ouvrage de Dioscoride sur les médicaments simples, ouvrage

en grande faveur chez les Arabes, qui s'occupaient de médecine. Malheureusement personne n'était en état de l'entendre, car personne à Cordoue ne connaissait la langue grecque.

Abd-al-Rahman pria en conséquence Romain de lui envoyer quelqu'un qui parlât les langues latine et grecque, et qui pût servir de maître dans ce dernier idiome à ceux qui connaissaient le premier.

Romain lui envoya un moine nommé Nicolas, qui se chargea de l'entreprise. Le traité de Dioscoride avait été traduit une autre fois du grec en arabe, mais l'auteur de cette traduction avait laissé intacts plusieurs noms de médicaments, faute de pouvoir leur substituer un exact équivalent en arabe. On attachait donc beaucoup d'importance à la traduction de ces noms qui étaient restés inconnus.

«Il y avait alors à Cordoue, dit Ibn-Djoldjol, médecin arabe espagnol du dixième siècle (1), un certain nombre de médecins qui s'occupaient, avec beaucoup de recherches et d'ardeur, à reconnaître ceux des médicaments du traité de Dioscoride qui étaient jusque-là demeurés inconnus, et à déterminer la signification arabe de leur nom. »

« Parmi eux, personne ne mettait plus d'ardeur à cette recherche et ne s'y mettait avec plus d'intérêt dans la vue de s'attirer la faveur du prince Naser (Ledin-Allah) Abderrahman, que Hasdaï ben Baschrout l'Israélite. Le moine Nicolas jouissait de toute son intimité, et Hasdaï avait une amitié sans bornes pour lui. Il interpréta donc ceux des noms des médicaments indiqués dans l'ouvrage de Dioscoride qui étaient restés inconnus. Il fut le premier qui composa à Cordoue la thériaque nommée *Farouk*, en déterminant la véritable nature de la substance appelée *Schadjaryyèh*, qui entre dans sa composition (2). »

---

(1) *Description de l'Egypte*, par Abdallatif, traduction de M. S. de Sacy. Paris, 1810, p. 496.

(2) M. Carmoly, en se méprenant sur le sens des derniers mots d'Ibn-Djoldjol, n'a pas craint d'attribuer à Hasdaï des ouvrages de médecine dont il regrette la perte, *car, suivant les écrivains arabes, il avait beaucoup écrit sur la médecine, principalement une thériaque arabe !* (*Histoire des médecins juifs* ; Bruxelles, 1844, p. 31.)

Voilà la première fois que paraît le nom d'un médecin juif en Espagne, et il faut l'avouer, il y paraît avec beaucoup d'honneur.

Mais qui est ce personnage inconnu que le médecin arabe, Ibn-Djoldjol, prétend, quelques lignes plus bas, avoir vu au commencement du règne d'Alhakem II, successeur d'Abd-al-Rahman III?

M. de Sacy, qui publia le premier le passage ci-dessus cité, dit (1) que « son nom a beaucoup de rapport avec celui du rabbin Hasdaï ben Isaac Sprot, que Wolff place au onzième siècle, mais dont il est assez difficile de déterminer précisément l'époque, et qui peut bien avoir vécu du temps de Naser Ledîn Allah. » Cette opinion de M. de Sacy a été suivie par plusieurs savants, tels que Zedner (2), Gayangos (3), Carmoly (4), Munk (5), Fürst (6), et nous l'adoptons volontiers, puisque la seule objection qu'on pourrait lui faire, c'est-à-dire que Hasdaï ben Sprot est placé par Wolff dans le onzième siècle, tandis que Hasdaï ben Baschrout vécut au dixième, n'est qu'une erreur, ainsi qu'on le verra par les nombreuses citations d'auteurs arabes et hébreux qui vont suivre. M. Munk a montré, d'ailleurs, par une citation tirée d'un auteur israélite espagnol, qui écrivait en arabe et qui appelle Hasdaï ben Isaac, ben Schabrout, que ce n'est que par une transposition des points diacritiques des lettres arabes que le nom de Schabrout ou Schaprout, que Wolff lisait Sprot, a été corrompu dans l'écrivain arabe ci-dessus cité en Baschrout (7).

Or, qui est ce Hasdaï ben Ishaq ben Schabrout, et quelles notices possédons-nous sur lui?

Nous possédons d'abord une courte mais intéressante notice de

<hr>

(1) Page 500.

(2) Choix de morceaux historiques d'auteurs hébreux (en allemand); Berlin, 1840, p. 26-27.

(3) *The history of the Mohammedan dynasties in Spain*, by al-Makkari, London, 1843, t. 2, Appendix A, V, p. XXIII, n. 11.

(4) *Literaturblatt des Orients*, 18 september, 1841, n° 38, col. 584, tiré de la *Revue Orientale*.

(5) *Notice sur Aboul-Walid Merwan ibn-Djanah*. Paris, 1851, p. 78.

(6) *Literaturblatt des Orients*, 22 december, 1849, n° 51, p. 801.

(7) Munk, l. l.

ce médecin due à Ibn-Abi-Océibia, auteur du douzième siècle qui écrivit les vies des médecins arabes. Je ne connais pas le texte arabe de cette notice, mais seulement la traduction française publiée par M. Munk dans les *Archives israélites* (1), et que je donne tout entière.

« Hasdaï ben Ishaq, versé dans l'art de la médecine, était au
» service d'Alhakem, fils d'Abd-al-Rahman (surnommé) Al-Nasir
» Ledîn-Allah. Hasdaï ben Ishaq était au nombre des auteurs juifs
» au premier rang dans la connaissance de leur loi. Il fut le pre-
» mier à ouvrir à leur population d'Andalousie la porte de leur
» connaissance en fait de jurisprudence religieuse (fik'h), de
» chronologie, etc. Auparavant, ils avaient été obligés pour (con-
» naître) le fik'h de leur religion, de s'adresser aux juifs de Bagdad
» pour faire venir de chez eux le calcul d'un certain nombre
» d'années afin de connaître les procédés de leur calendrier et
» les commencements de leur année. Mais Hasdaï ayant été atta-
» ché à Alhakem et ayant obtenu près de lui une position très-
» élevée, parvint par lui à se procurer tout ce qu'il désirait en fait
» de livres des juifs de l'Orient. Depuis lors, les juifs d'Andalousie
» connaissaient ce qu'auparavant ils avaient ignoré et étaient
» dispensés de la peine qu'ils avaient été obligés de se donner. »

Ici finit la notice d'Ibn-Abi-Océibia ; mais toute courte qu'elle est, elle a une haute importance, puisqu'elle montre que le passage de la culture juive d'Orient en Occident fut l'œuvre d'un homme savant auquel ses connaissances avaient fait acquérir une haute position à la cour d'Alhakem, et qui s'en servait pour répandre les lumières dans sa nation. Cela, en effet, nous était déjà indiqué mystérieusement par quelques faits racontés par des chroniqueurs juifs du moyen âge, et acquiert un nouveau degré de certitude par des documents nouveaux que nous allons rap-porter plus bas.

D'abord, l'auteur d'un ouvrage intitulé livre de la Tradition (ספר הקבלה), appelé Abraham Ibn-Daud, qui vivait au douzième siècle dans l'Espagne chrétienne, raconte que du temps d'Abd-al-Rahman-al-Naser (en conséquence aussi de Hasdaï ben

---

(1) *Archives israélites*, juin 1848, p. 326, note ; p. 17 du tirage à part de *la Philosophie chez les Juifs*, par S. Munk.

Ishaq), un capitaine arabe (1) sorti d'un des ports de l'Espagne pour croiser dans la Méditerranée, ayant capturé un navire qui allait de Bari dans l'Italie inférieure, à Sébaste dans l'Asie Mineure, trouva dans ce navire quatre rabbins qui allaient en Orient pour s'instruire dans les académies des juifs, et que ces rabbins furent vendus en Espagne et à Alexandrie. Celui qui fut vendu en Espagne se nommait Moïse, et fut racheté par les juifs de Cordoue qui l'emmenèrent dans leur ville, où il servait dans la synagogue et dans le Midrasch qui lui était adjoint, et où un rabbin plus pieux que savant expliquait aux disciples le sens du Talmud. Mais les Espagnols, dit le chroniqueur, n'étaient pas fort avancés dans l'étude de nos maîtres. En conséquence voici ce

---

(1) Le nom de ce capitaine est, dans les éditions d'Ibn-Daud, Dama'hin. M. Lebrecht (*Literaturblatt des Orients*, 29 october, 1844, n° 44, col. 701) a corrigé ce nom en Romahis, parce que ce dernier est réellement le nom que donne le célèbre historien arabe Ibn-Khaldoun à un amiral d'Abd-al-Rahman III, et je crois cette correction fort plausible, puisque l'échange d'un Rech ר en un Daleth ד au commencement du mot est fort facile, de même que celui du Sadé final ץ en *in* ן. En effet, dans un ouvrage manuscrit d'Élie Capsali, qui contient l'histoire de l'empire ottoman et celle des juifs d'Espagne, ouvrage écrit en 1523, l'auteur a transcrit presque mot à mot l'histoire littéraire des juifs espagnols du livre d'Abraham Ibn-Daud, et là, le nom du capitaine arabe est écrit deux fois de suite Ben-Damahas avec un *Sadé* à la fin (fol. 99 r. et v.). L'ouvrage d'Élie Capsali, déterré par le savant rabbin de la communauté juive de Venise, M. Ab. Lattes, compte 330 feuilles doubles in-8°, et fut composé pendant l'espace d'un peu plus de quatre mois. L'auteur y a fait depuis un appendice.

L'exemplaire que nous avons sous les yeux est probablement le seul qui existe et paraît être autographe, au moins il a été retouché en plusieurs endroits par l'auteur.

Nous nous réservons d'en donner une autre fois une notice et des extraits, puisqu'il contient des renseignements sur les juifs de l'empire ottoman, qu'on ne trouve pas ailleurs et qui sont fort intéressants.

Élie Capsali est aussi auteur d'une *Histoire de la République de Venise*, qui est perdue ou que les souris rongent dans quelque mansarde du *Ghetto* de cette dernière ville ou de Candie, où vivait l'auteur, qui a passé pourtant une partie de sa vie à Padoue, chez le savant rabbin Meir de Padoue, mort en 1565.

qu'il arriva. Un beau jour, le juge ou rabbin de Cordoue (car dans ce temps-là le rabbin avait le droit de juger les différends survenus entre juifs), qui était un certain R. Nathan, expliquait un passage du Talmud d'une façon quasi-absurde. L'Italien qui était délaissé, comme un être ignorant, mal vêtu et dans une humble attitude, en un coin de la chambre, voyant que le rabbin interprétait mal le passage du Talmud, se leva tout à coup, et fit en langage talmudique une objection au rabbin. Celui ci, plein d'étonnement, invita l'Italien à expliquer lui-même ce passage, ce qu'il fit aussitôt d'une manière satisfaisante.

Alors tous le comblèrent de questions qu'il résolut facilement. Le pauvre rabbin, plein d'admiration, sortit de la chambre en disant aux plaidants qui attendaient hors de la porte pour faire juger leurs différends : Je ne suis plus le juge, mais c'est cet étranger vêtu d'un sac qui est mon maître ; pour moi, dès ce jour, je ne suis plus que son disciple ; choisissez-le pour juge de la communauté de Cordoue. C'est ce qu'ils firent, dit le chroniqueur, et ils l'honorèrent de vêtements précieux et de montures.

Le capitaine qui avait vendu le pauvre Moïse, lorsqu'il sut cette histoire, voulait rompre le contrat en alléguant qu'il ne connaissait pas le mérite de l'homme qu'il avait vendu ; mais le roi s'y opposa, tout joyeux que les juifs de ses États n'eussent plus besoin de recourir à ceux de la Babylonie. La nouvelle se répandit dans toute l'Espagne et dans tout le Maghreb ; les disciples accouraient en foule à Cordoue, et toutes les questions qu'ils faisaient auparavant aux académies de l'Orient, ils les adressèrent dès lors à R. Moïse. Cet événement eut lieu entre 956 et 958, comme je crois l'avoir prouvé dans le *Giudaismo illustrato* de mon père (1). A R. Moïse succéda dans la charge de juge de Cordoue, Hanokh son fils, venu avec lui en Espagne, et protégé par le grand prince Hasdaï ben Ishak, suivant l'auteur dont nous venons d'extraire le récit précédent ; car cet auteur raconte qu'un

---

(1) *Il Giudaismo illustrato nella sua teoria, nella sua storia, ecc.*, per S. D. Luzzatto, Padova, 1848, p. 45-47.

Le récit que nous venons de reproduire d'après Ibn-Daud, se trouvait aussi, selon le Conforti (dans le *Koréh Ha-Doroth*, édition de M. Cassel,

nommé Josef Ibn-Satanas en faveur chez le roi Alhakem II, par
ordre duquel il avait traduit tout le Talmud en Arabe, envieux
de R. Hanokh, cherchait à le supplanter, et se révolta contre lui,
mais seulement après la mort de Hasdaï ben-Ishak, puisque de

Berolini. 1846, fol. 25r.), dans l'Introduction au Talmud, de R. Samuel
ha-Lévi, célèbre comme écrivain et comme vizir du roi de Grenade, dans
la première moitié du onzième siècle et un des disciples de R. Hanokh.
Cet ouvrage, dont il ne reste plus que quelques pages insignifiantes, devait être à la disposition d'Ibn-Daud, qui en aura copié le récit ci-dessus
rapporté. Quel que soit le degré de confiance qu'il mérite quant au détail,
on ne peut nier qu'il ne renferme un grand fond de vérité.

C'est donc sans motif suffisant que Basnage, et après lui M. Depping
(*les Juifs dans le moyen âge*, Paris, 1834, p. 65) et M. Beugnot (*les Juifs
d'Occident*, Paris, 1824, 3e partie, p. 16), font de R. Moïse un asiatique
sorti de l'école de Pumbeditha. Que la science de R. Moïse vînt de l'O-
rient, c'est ce que l'on peut supposer avec vraisemblance, mais rien n'au-
torise à croire qu'il y fût né, puisque le seul témoignage qui nous reste
en fait un italien.

M. Depping commet un anachronisme beaucoup plus grave en plaçant
l'entrée de R. Moïse en Espagne, qu'il fixe, sans trop s'écarter de la vérité, en 948, après la destruction des académies de Pumbeditha et de
Sora, fait qui n'arriva qu'en 1040, c'est-à-dire presque un siècle plus tard
(Jost, *Geschichte der Israeliten*, Berlin, 1826, t. 6, p. 100. Id., *Allgemeine Geschichte des Israelitischen Volkes*, t. 2, p. 237). En partant de
cette idée, il fait de Moïse un de *ces sages qui, chassés de Pumbeditha,
errèrent à l'aventure et cherchèrent à s'approcher des pays où leurs coreli-
gionnaires pouvaient leur offrir un refuge.*

M. Beugnot, sans tomber dans le même anachronisme, admet que les
savants juifs expulsés de l'Orient se dirigèrent vers l'Occident et vinrent
demander *asile à la France et à l'Espagne.* Selon lui, *ils se précipitèrent
en foule vers ce dernier pays* (p. 19). A cet égard, je ne puis m'empêcher
de citer les paroles d'une autorité bien plus compétente que la mienne,
celle de M. Jost, le célèbre historien des israélites, qui assure que *c'est sans
aucun fondement que l'on pense qu'alors* (au temps de la clôture des académies d'Orient) *plusieurs juifs émigrèrent de l'Orient en Afrique et en
Espagne.* (Voy. *Allgemeine Geschichte*, etc., t. II, p. 238.)

Basnage, et après lui Depping, racontent que R. Moïse avait montré le
désir de retourner dans sa patrie ; mais que le khalife sut le retenir.

son vivant personne n'osait contester le premier rang à R. Hanokh.

De cette notice on acquiert la certitude que la position de
Hasdaï devait être très-élevée à la cour, puisque personne
n'osait attaquer un homme qu'il protégeait; (ce qui est parfaitement d'accord avec ce que dit Ibn-Abi-Océibia, et que nous allons
confirmer par d'autres témoignages). Or, de même qu'il a protégé
le fils R. Hanokh, il a dû protéger aussi le père R. Moïse, dont la
cause n'a été défendue si chaleureusement par le roi Abd-al-
Rahman contre l'amiral qui l'avait capturé et qui le revendiquait,
que par les conseils et par l'influence de Hasdaï, qui désirait
répandre un peu de culture parmi ses frères de l'Espagne.

Nous possédons une lettre hébraïque de Hasdaï ben Ishaq ben
Ezra ben Schaproul, (avec un prologue en prose rimée et acro-
stique, le premier morceau que l'on connaisse en ce genre),
adressée au roi des Khazars, population finnoise du Daghestan,
en Asie, dans laquelle il interroge ce roi pour savoir s'il est vrai,
comme il l'avait entendu dire à quelques voyageurs, que lui et
son peuple professaient la religion juive, et pour obtenir des
renseignements sur son royaume, sur sa langue, sur ses livres,
etc. Cette lettre fut suivie d'une réponse du roi des Khazars,
nommé Joseph, dans laquelle il confirme les renseignements
reçus par Hasdaï sur sa religion, et lui donne tous les détails
qu'il désirait. Ces deux lettres, à une époque où on ignorait
même le nom des Khazars, ont été regardées comme apocryphes
et comme inventées par les juifs, pour satisfaire leur orgueil

---

Cette supposition est absolument gratuite et ne repose sur aucune autorité.

Le récit d'Ibn-Daud a été dans les dernières années l'objet des plus sa-
vantes recherches de la part de M. Lebrecht (*Magazin fur die Literatur
des Auslandes*, november 1843, *Zeitschrift* de Frankel, 1845, mars), Rapoport (*Kalender und Jahrbuch fur Israeliten auf das Schaltjahr* 5605,
Vienne, 1844, p. 260-64), et d'autres. Consultez aussi Jost (l. l., p. 245)
et *Die religioese Poesie der Juden in Spanien*, von doctor M. Sachs;
Berlin, 1845, p. 182-83.

national. Mais lorsque les études géographiques et orientales
eurent pris plus de développement, non-seulement on retrouva
dans les auteurs grecs byzantins et arabes des traits de l'histoire
des Khazars, mais tous les détails géographiques et historiques
que donnent les deux lettres du juif d'Espagne et du roi des
Khazars, sur cette population, furent pleinement confirmés. Ce
fait reconnu par tous ceux qui ont traité récemment des Khazars,
sur la foi des géographes et historiens arabes contemporains de
Hasdaï, tels que Ibn-Fozlan, Al-Istakhri, Ibn-Haukal, Maçoudi,
qui écrivaient leurs ouvrages presque au même temps où Hasdaï
écrivait sa lettre au roi Joseph, n'est plus maintenant pour les
savants l'objet du moindre doute, et l'authenticité de la lettre de
Hasdaï est universellement reconnue. Tout récemment, M. Rei-
naud, le célèbre orientaliste, président de la Société Asiatique de
Paris, dans la belle introduction de son Aboulféda français,
(p. ccxcix, n. 2), range aussi la lettre de Hasdaï parmi les docu
ments historiques du dixième siècle.

Plus récemment encore un savant géographe, M. Vivien de
Saint-Martin, dans un Mémoire sur les Khazars lu à l'Académie
des Inscriptions et Belles-Lettres de Paris, le 28 février et le
7 mars 1851, et imprimé depuis dans les *Nouvelles Annales des
Voyages* (juin et juillet) a soumis à un examen critique appro-
fondi la lettre de Hasdaï et celle du roi des Khazars, et il conclut
en disant (juillet, p. 18) : « Il est impossible de ne pas être frappé
de la conformité qui existe entre la lettre du roi Joseph et les
relations arabes contemporaines qui ont été publiées de nos jours.
L'analogie se montre dans le caractère général aussi bien que
dans les détails des faits. Nous avons signalé pareillement dans
la lettre du rabbin de Cordoue, des particularités géographiques
qui ne nous paraissent pas moins décisives. Une telle conformité
porte avec elle son évidence, » etc.

Un peu plus bas il ajoute : «Accordant donc aux deux lettres ce
que nous ne croyons guère possible aujourd'hui de leur refuser,
la valeur de documents parfaitement authentiques, » etc., etc. (1).

____

(1) Comme la conversion d'une partie des Khazars au judaïsme ne fut
pas sans quelque influence sur le sort de ce peuple, ainsi que l'atteste

Or, Hasdaï, dans sa lettre au roi des Khazars, fait la description de l'Espagne, parle de son roi qu'il dit être Abd-al-Rahman, fils de Muhamad, et dont il donne la généalogie jusqu'au premier roi d'Espagne de sa famille, de la puissance de ce roi, de sa splendeur, de sa richesse, et après avoir dit à combien s'élève son revenu annuel, qui ne monte si haut selon lui, que par le grand nombre de marchands qui viennent de tous les pays en

---

M. de Saint-Martin, qui s'exprime de la sorte : « Il y a tout lieu de croire que ce fut surtout à de longs rapports avec les Byzantins et à la présence au milieu d'eux d'un grand nombre de juifs, que les Khazars durent leur commencement d'initiation aux civilisations méridionales, » il est intéressant de connaître comment se fit l'introduction du judaïsme parmi les Khazars et la conversion de leur roi à cette religion.

On savait jusqu'ici, par un extrait du *Moroudj-aldzeheb*, de Maçoudi, auteur du dixième siècle, publié par d'Ohsson, qu'il avait donné des détails là-dessus dans un autre ouvrage auquel il renvoyait; mais cet ouvrage ayant échappé jusqu'ici aux recherches des orientalistes modernes, M. Munk regrettait en juin 1848, dans les *Archives israélites* (p. 333, n. 2), la perte des détails qu'il devait contenir sur la conversion du roi des Khazars. Juste un an plus tard (en juin 1849), M. Charles Defrémery publiait dans ses *Fragments de géographes et d'historiens arabes et persans inédits relatifs aux anciens peuples du Caucase et de la Russie Méridionale*, insérés dans *le Journal asiatique* (IVe série, t. XIII), un extrait d'Abou-Obeid al-Bécri, savant géographe arabe du onzième siècle, sur les peuples du Caucase, dont le texte lui avait été communiqué par M. Reinhart Dozy, qui l'avait copié pour son compte sur un manuscrit de M. Gayangos, mais qui le lui abandonna avec cet empressement et cette bonne grâce qui distinguent ce savant hollandais.

Dans sa *Mention des Khazars*, Al-Bécri fait le récit de la conversion de leur roi à la religion juive, récit qui, ainsi que le dit bien M. Defrémery, est sans doute emprunté de Maçoudi, dont l'ouvrage, quoique perdu, est remplacé, sous ce rapport au moins, par celui de son copiste. Voici le récit d'Al-Bécri, selon la traduction de M. Defrémery (l. l., p. 470-71).

« Voici quel fut le motif pour lequel le roi des Khazars embrassa la religion juive (car il était auparavant idolâtre) : il se fit chrétien; mais il reconnut les défauts de sa nouvelle croyance, et conféra, touchant ce qui le chagrinait, avec un de ses généraux. Cet homme lui dit : « O roi, les

Espagne, il ajoute : « Et toutes les choses relatives à leur commerce et à leurs personnes ne se font que par moi ou par mon
ordre. » Plus bas, en parlant des rois éloignés qui ont envoyé
des ambassades pour complimenter Abd-al-Rahman, entre lesquels il cite l'empereur byzantin dont nous avons déjà parlé ci-
dessus, l'empereur d'Allemagne dont nous parlerons tout à
l'heure, et le roi des Esclavons ; il s'exprime ainsi : « C'est par

---

peuples maîtres de livres révélés sont au nombre de trois. Envoie-leur
des députés, examine leurs dogmes, et imite celui d'entre eux qui a pour
lui la vérité. » .

« *En conséquence*, le roi envoya demander aux chrétiens un évêque. Il
avait près de lui un juif, habile dans la controverse. Ce juif engagea une
discussion avec l'évêque et lui dit : « Que penses-tu de Moïse, fils d'Am-
ram et du Pentateuque qui lui a été envoyé du ciel ? » L'évêque répondit :
« Moïse était un prophète, et le Pentateuque est un livre véridique.» Le juif
dit alors au roi : « Cet homme confesse la vérité de ma croyance ; inter-
roge-le maintenant sur ce qu'il croit. » Le roi le questionna ; l'évêque
répondit : « J'affirme que le Messie Jésus, fils de Marie, est le Verbe, et
qu'il a manifesté les mystères au nom de Dieu tout-puissant. » Le juif
dit au roi des Khazars : « Il avance une prétention que je ne reconnais
pas, et il confesse la réalité de ma foi. » L'évêque fut à court d'arguments.
Le roi envoya un message aux musulmans ; ceux-ci lui députèrent un des
leurs, homme savant, sage et versé dans la controverse. Mais le juif
aposta contre lui quelqu'un qui l'empoisonna en chemin. Alors le juif
gagna le roi à sa religion, et ce prince fit profession du judaïsme. » Personne ne peut être longtemps sans s'apercevoir que la dernière partie de
ce récit est la preuve la plus manifeste de sa véracité. On conçoit bien, en
effet, que les fidèles mahométans, desquels Maçoudi aura appris ce récit,
ont inventé la fable de l'empoisonnement de leur théologien pour le sauver,
et avec lui leur religion, d'une défaite. Du reste, le récit d'Al-Bécri est en
parfait accord avec celui du roi Joseph, qui assure que son ancêtre Boulan
se convertit au Judaïsme après avoir entendu les raisons de différents
théologiens. On sait que c'est sur ce fait, à présent indubitable, que Juda-
ha-Lévi a basé son célèbre ouvrage, intitulé *le Khozari* ou *le Khazaréen*,
qui est écrit en forme de dialogues entre le roi des Khazars et divers
théologiens auxquels l'auteur a ajouté un philosophe, parce que son ouvrage est particulièrement dirigé contre la philosophie.

moi que leurs présents arrivent (au roi) et par moi que sortent ceux qu'on leur fait en retour » (1).

Ces expressions prouvent suffisamment que Hasdaï avait à la cour de Cordoue, sous Abd-al-Rahman III, un emploi qui consistait, à ce qu'il paraît, dans la surveillance et la direction des étrangers qui arrivaient en Espagne, du commerce et probablement aussi des finances en général, puisque l'impôt sur les marchandises constituait le principal revenu du trésor d'Abd-al-Rahman.

Cela est merveilleusement confirmé par le récit d'un contemporain de Hasdaï. L'empereur d'Allemagne, dont ce dernier parle dans sa lettre au roi des Khazars, mais seulement par incident, et qui est Otton Ier, avait envoyé en 956, à Cordoue, une ambassade sous la direction de Jean de Gorze (2), qui était porteur d'une lettre d'Otton, à cause de laquelle il avait de la peine à être présenté à Abd-al-Rahman, fort irrité par certains rapports qu'on lui avait faits au sujet de cette lettre et de son contenu. L'auteur de la *Vie de Jean de Gorze*, mort en 974, qui écrivit peu après sa mort, dit que le roi, craignant de rencontrer quelque péril en recevant l'ambassade, envoya vers Jean, pour connaître ses intentions, un juif du nom de Hasdaï (l'auteur écrit suivant l'orthographe allemande *Hasdeu*) dont les ambassadeurs vantent la prudence consommée, qui s'attira dès l'abord la confiance de Jean de Gorze (3).

Outre l'éloge de Hasdaï fait par Jean de Gorze, cette notice est précieuse parce qu'elle confirme avant tout ce que dit de son

---

(1) Voyez Liber Cosri, de Buxtorf (Basileæ, 1660), præfatio ad lectorem, c. II r, et Zedner, l. I, p. 28-30.

(2) Gorze est un petit village près de Metz, existant encore aujourd'hui.

(3) Voyez Pertz, *Monumenta Germaniæ antiqua*, t. IV (Scriptorum); Hannoveræ, 1841, p. 371. Rex undique meticulosus, ancepsque, periculum sibi posse imminere, considerans, artibus omnis generis que (*sic*) evaderet pertemptat. Et primò quidem Judeum quemdam cui nomen Hasdeu, quo neminem unquam prudentiorem se vidisse aut audisse nostri testati sunt, ad eos misit, qui de omnibus ab eis ipsis penitùs exploraret. Lisez aussi Romey, *Histoire d'Espagne*, t. IV, p. 218.

emploi Hasdaï lui-même, et puis parce qu'elle montre que s'il avait été choisi par son souverain pour une mission aussi délicate que celle qu'il s'agissait de remplir auprès des ambassadeurs d'Otton Ier, ce n'était pas seulement parce qu'il connaissait la langue latine, et pouvait par ce moyen converser avec Jean de Gorze et ses compagnons (ce qui nous était déjà connu par ses relations avec le moine Nicolas de Constantinople), mais aussi parce qu'il jouissait auprès de son prince d'une estime et d'une confiance tout à fait distinguée.

Les monuments hébreux, arabes et latins de l'époque sont donc d'accord pour reconnaître à Hasdaï une haute position à la cour de Cordoue, position qu'il avait certainement acquise par son savoir en sa qualité de médecin, et qu'il ne fit qu'accroître dans la suite, comme nous le verrons tout à l'heure.

En attendant, laissons pour un moment de côté la position politique de Hasdaï et revenons à ses relations avec ses frères, les Israélites, et à l'influence qu'il a exercée sur leur littérature.

Mais pour que le lecteur puisse apprécier avec plus de facilité la conduite de Hasdaï, il nous faut jeter un regard sur le khalife qui avait succédé à Abd-al-Rahman III, et que nous avons nommé quelquefois incidemment, Alhakem II. Ce prince, qui régna de 961 à 976, était plus adonné aux occupations de l'esprit qu'à celles de la guerre, qu'il ne fit qu'une fois au commencement de son règne.

Déjà du vivant de son père, il entretenait en Afrique, en Egypte, en Syrie, en Perse, des personnes qui achetaient pour lui les meilleurs livres en tout genre. Le palais qu'il habitait fut toujours ouvert aux savants de tous pays, et chacun devait lui promettre en échange de lui procurer tous les ouvrages rares, curieux et instructifs qu'il connaissait. Les livres des juifs n'étaient pas oubliés, puisque nous avons vu qu'il s'était fait traduire tout le Talmud en arabe. Lui-même il écrivait aux auteurs renommés, leur demandant copie de leurs travaux, et en les payant généreusement; il faisait même transcrire par d'excellents copistes les ouvrages précieux qu'il ne pouvait acquérir; lui-même avait classé sa bibliothèque, et l'avait partagée en compartiments, selon les diverses matières. Sous un roi comme Alhakem, les savants ne pouvaient point manquer de protecteurs, et les Arabes mêmes assurent que, de tout le temps que dura leur domination en Espagne, les lettres n'y fleurirent jamais comme du temps d'Alhakem. L'amour des lettres s'était répandu dans toutes les classes de la société, recommandé qu'il était par l'exemple du prince, protégé par sa puissance et récompensé par sa générosité. Les connaissances, les talents, l'érudition frayaient la voie à la fortune, et les riches, pour faire la cour à leur souverain, ne laissaient passer aucune occasion de favoriser les savants et les artistes (1). Après cela, on comprendra mieux les paroles d'Ibn-Abu-Oceibia, qui dit que Hasdaï ayant été attaché à Alhakem, et ayant obtenu près de lui une position très-élevée, parvint par lui à se procurer tout ce qu'il désirait en fait de livres des juifs de l'Orient. Ainsi s'explique la faveur dont jouissait R. Hanokh, le fils de l'homme qui avait détaché les juifs de l'Espagne de la dépendance intellectuelle de ceux de l'Orient, et qui avait répandu parmi eux un commencement de culture.

On prévoit bien que la protection de Hasdaï ne se borna pas à R. Hanokh, mais qu'elle dut s'étendre à tous ceux qui, parmi les juifs, possédaient quelque talent.

Parmi les contemporains de Hasdaï, les plus célèbres sont à juste titre Menahem ben-Saruk et Dounasch ben-Labrat, les premiers philologues hébreux de l'Espagne (2). Le premier composa un vocabulaire hébreu de la langue sainte, et le second, outre des critiques sur un ouvrage de R. Saadias, composa aussi des critiques sur le Vocabulaire de Menahem ben-Saruk, par lesquelles il contribua peut-être à faire tomber Menahem en disgrâce auprès de Hasdaï. Dounasch ayant adressé ses critiques à Hasdaï même, auquel il écrivit une épître dédicatoire en vers, où

---

(1) Conde, *Historia de la dominacion de los Arabes en Espana*, 2e partie, ch. LXXXVIII, Madrid, 1820, t. 1, p. 457-8.

(2) Consultez sur ces deux philologues et grammairiens ce qu'en a dit M. Munk dans sa *Notice sur Aboul-Walid Merwan ibn-Djanahel sur quelques autres grammairiens hébreux du dixième et du onzième siècle*, p. 62-3, et *la Vorlæufige Notiz über Dunasch ben-Librât* de M. Dukes dans le *Literaturblatt des Orients*, de 1843 (nos 11, 12, 15), de même que les paragraphes IV et V (p. 118-154) de ses *Literaturhistorische Mittheilungen* (Stuttgart, 1844).

il chante ses louanges, Menahem ne voulut pas rester au-dessous
de son adversaire, et écrivit des réponses à Dounasch, qu'il pré-
senta aussi à Hasdaï, accompagnées d'une épître dédicatoire en
vers, plus longue que celle de Dounasch.

Mais, outre ces poésies, on possède une lettre en prose rimée
de Menahem (1), où il se plaint, à Hasdaï, d'un jugement trop
précipité qu'il avait porté sur lui, sans entendre ses justifications,
et dont il lui avait fait subir la peine en faisant démolir un jour
de samedi la maison qu'il habitait. Menahem rappelle dans cette
lettre tous les mérites qu'il croit posséder auprès de Hasdaï, et
toutes les promesses qu'il lui avait faites autrefois. Nous apprenons par là que Menahem, originaire de Tortose, était venu à
Cordoue sur l'ordre exprès de Hasdaï, qui lui avait confié l'en-
seignement de la langue hébraïque, dont il devint ainsi le premier
professeur en Europe.

Nous apprenons aussi, par cette lettre, que le père même de
Hasdaï, Ishak, avait été un ami et un protecteur de Menahem,
et qu'il était un personnage distingué par ses richesses et par sa
piété, puisqu'il avait fait bâtir un temple, sur les murailles in-
térieures duquel Menahem lui-même avait écrit ses éloges. Lors
de sa mort, Menahem avait composé des élégies, que le peuple
chantait pendant le temps du deuil.

A la mort de la mère de Hasdaï, celui-ci se porta vers minuit
seul et à pied à la maison de Menahem pour le charger d'une
élégie en l'honneur de la défunte, et il le trouva déjà occupé
dans ce travail.

On ne sait pas bien ce qui fit perdre à Menahem la faveur de
Hasdaï, mais on peut supposer que ce fut l'envie de quelques
malveillants qui l'accusèrent d'hétérodoxie auprès de Hasdaï (2).
Dounasch, soit par intention, soit par hasard, eut sa part d'influence dans la colère de Hasdaï, car, dans la dédicace qu'il met

---

(1) Sur cette lettre, qui a été découverte et publiée avec des notes par
mon père, consultez la Notice qu'il en a donnée dans le *Literaturblatt des
Orients*, année 1846, n° 8, col. 113 et suiv. Le texte entier, d'après
deux manuscrits fort anciens, a été publié par le même, dans sa *Bibliotheca* (Leopoli, 1847), f. 26 v. — 33 r.

(2) *Id.*, l. l. f. 33 v., 34 r.

en tête des critiques à l'ouvrage de Menahem, il l'accuse, comme
nous le verrons plus bas, d'avoir corrompu le sens de plusieurs
passages de la sainte Écriture, et Menahem, dans la dédicace de
ses réponses, maltraite aussi beaucoup Dounasch, dont il espère
que les paroles menteuses ne trouveront point d'accès auprès de
Hasdaï, ami de la vérité. Cette inimitié provenait probablement
de ce que Dounasch, peut-être plus digne de Menahem, car il fut
le premier à entrevoir quelques-unes des règles les plus importantes de la grammaire hébraïque, développées plus tard par
Hayyoudj et par Ibn-Djana'h, était envieux de la haute faveur
dont Menahem jouissait auprès de Hasdaï, et faisait tous ses
efforts pour le supplanter et occuper sa place. Cela est, selon moi,
une preuve de ce que Dounasch vivait réellement en Espagne,
quoique natif de Fez, en Maroc (1). Il était venu certainement à
Cordoue attiré par la renommée de Hasdaï ou invité par lui-
même, ainsi que Menahem, son compétiteur.

Dounasch appartient donc à cette cohorte de littérateurs juifs
qui ont passé dans le dixième et dans le onzième siècle du Maghreb en Espagne, et parmi lesquels excellent Abou-Zacariyya-Yahya-
Ibn-Daud, surnommé Hayyoudj, le grammairien, et Ishak-ben-
Jacob, plus connu sous le nom d'Alfasi ou Fezan, le talmudiste.

Les critiques de Dounasch contiennent, outre ses propres poésies, quelques extraits de poésies composées sur Hasdaï par
d'autres auteurs anonymes, dont nous parlerons plus bas (2). On
voit par là que Hasdaï avait éveillé, par la protection qu'il accordait aux littérateurs juifs, la verve poétique de ses coreligion-
naires. Cela explique et confirme ce que les auteurs juifs
du onzième et du douzième siècle ne font que répéter en
chœur, c'est-à-dire que, du temps de Hasdaï, le goût de la
poésie se répandit parmi les juifs d'Espagne, qui commencèrent

---

(1) Voy. Munk, l. l. p. 63, et Dukes, *Literaturblatt des Orients*, 1843,
n° 12, col. 188.

Une autre preuve de ce fait, je la vois dans les présents que Hasdaï
fit à Dounasch pour ses critiques sur Menahem, et à cause desquels Dounasch changea un vers de sa dédicace, comme nous le verrons plus bas.

(3) Dukes, l. l. c. 230-31.

à y obtenir quelques succès. C'est ainsi que Moïse ben-Ezra de Grenade, vivant au onzième siècle, dans un traité arabe manuscrit de rhétorique et de poétique (à Oxford), dit que les juifs d'Espagne n'obtinrent de véritables succès dans la poésie que vers l'an 4700 de la création, c'est-à-dire, 940 de l'ère vulgaire, et il ajoute : « Et ce fut dès l'apparition d'Abou-Jousouf Hasdaï ben-Ishak ben-Schabrout, surnommé al-Djiani (de Jaen) de ses aïeux, et al-Kortobi (de Cordoue) du lieu de sa grandeur (1). » De cette phrase nous apprenons quel était le *cunya*, ou prénom arabe, de Hasdaï, c'est-à-dire, Abou-Jousouf (père de Joseph), qui lui venait probablement d'un fils nommé Joseph, dont nous parlerons plus bas; et aussi le lieu originaire de sa famille, qui était Jaen, ville d'Andalousie, chef-lieu de province, entre Grenade et Cordoue.

Le chroniqueur Abraham Ibn-Daud, dont nous avons parlé plus haut, dit, à la fin de son livre sur la tradition, que les juifs d'Espagne commencèrent à faire entendre leur voix du temps du prince R. Hasdaï (2).

Le célèbre poëte du treizième siècle, Juda Harizi, qui composa un ouvrage semblable aux Makamat de l'Arabe Hariri, fait un éloge pompeux, dans le chapitre XVIIIe de son ouvrage (3) du *grand prince Ishak ben-Hasdaï l'Espagnol, qui fleurit dans le huitième siècle du cinquième millénaire* de la création, selon les Juifs, c'est-à-dire, après 4700 de la création ou 940 de l'ère vulgaire. Comme le titre qu'il donne à cet Ishak ben-Hasdaï est précisément celui donné par Abraham ben-Daud à Hasdaï ben-Ishak, et que l'époque où Harizi place son Ishak ben-Hasdaï coïncide avec celle de Hasdaï et est indiquée précisément avec les mêmes mots que celle assignée par Moïse ben-Ezra à Hasdaï (4700-940), et comme d'ailleurs, Harizi attribue à son Ishak ben-Hasdaï ce que les auteurs plus anciens attribuent à Hasdaï ben-Ishak, c'est à-dire, une influence directe sur le développement de la poésie et des sciences chez les juifs d'Espagne, nul doute pour moi que

----

(1) Munk, l. l., p. 77-78.
(2) *Sepher ha-Kabbalà*, 8, 3 r. de l'édition de Mantoue, 1513.
(3) *Sepher Tahkemoni*, édition de Constantinople, 35 v.

Harizi, peu fort lorsqu'il s'agissait d'histoire et de chronologie (1),
n'ait renversé l'ordre des noms en disant Ishàk ben-Hasdaï au
lieu de Hasdaï ben-Ishak, et cela, en confondant probablement
le père de Hasdaï, Ishak, qui avait été aussi un homme religieux
et généreux, dont les louanges avaient été aussi chantées par les
poëtes, comme nous le savons, avec son fils Hasdaï, dont l'influence et la renommée ont été bien plus grandes; en faisant
ainsi, pour un point de l'histoire juive, ce que les historiens de
l'antiquité et du moyen âge ont fait plusieurs fois, c'est-à-dire,
en réunissant sous un seul nom et en attribuant à un seul personnage des faits qui réellement ont eu pour auteurs deux personnages distincts. D'ailleurs, voici le morceau de Harizi traduit
littéralement, et chacun peut voir si tout ce qu'il dit de son héros
ne tombe pas parfaitement d'accord avec ce que les Hébreux et
les Arabes nous disent de Hasdaï (2).

« Dans ce temps-là parut en Espagne le soleil de la louange
dans le ciel de la grandeur, c'est-à-dire, le grand prince R. Ishak
l'Espagnol, fils de Hasdaï (qu'il repose à l'ombre du Tout-Puissant) ; car il répandait sans mesure la bénédiction sur tous ceux
qui accóuraient à lui. Dans ses jours s'agitèrent les ondes des
sciences, et leurs eaux lançaient au dehors des perles précieuses,
et leurs torrents se dressaient comme des murailles, et toute
personne qui avait soif de l'eau de la science, en lui se désalté-
rait. Dieu lui ouvrait les yeux, elle voyait un puits d'eau plus
douce que le miel aux lèvres, et elle allait et remplissait de cette
eau son seau : car ce prince donnait la vie par la rosée de ses
faveurs aux morts de l'ignorance, et entraînait par les cordes de
ses largesses les cœurs des fils de l'émigration (des Israélites émi-
grés). Il faisait proclamer partout : « Quiconque est pour Dieu, qu'il

---

(1) Voy. S. D. Luzzatto, *Literaturblatt des Orients*, 1846, n° 31 (30 juli),
c. 491. etc.

(2) M. Zedner, dans son *Choix*, etc. (p. 72, 74), ci-dessus cité, a traduit
en allemand ce morceau de Harizi, accompagné de quelques autres qui
l'entourent ; mais sa traduction, j'en demande pardon au savant *trustee*
du *British Museum*, ne mérite point ce nom, mais plutôt celui de para-
phrase. J'ai traduit de nouveau sur l'original, en tâchant de reproduire le
plus fidèlement possible le coloris primitif.

vienne à moi, et je me chargerai de tous ses besoins. Tous les Gaons et tous les Rabs (tous les savants) se rassemblaient autour de lui, des pays des chrétiens et de ceux des Arabes, de l'Orient et de l'Occident : il apprêtait devant eux la table de ses largesses, son nuage splendide s'étendait sur eux, et la colonne de feu de son honneur resplendissait à leurs yeux. Tous les savants de l'époque se réunissaient auprès de lui, brillants comme les luminaires, pour arranger la légion de la science devant l'ami de Dieu. L'esprit divin les remplissait dans la sagesse, dans l'intelligence, dans la science infuse et dans tous les arts, pour faire des pensées et pour tirer des cœurs des flammes ardentes. Depuis ce temps-là les sciences prirent un nouvel essor en Espagne, et de là elles se répandirent sur toute la terre. Dès lors, ceux qui balbutiaient apprirent la doctrine, et les poëtes se suivaient incessamment, car ses bontés faisaient chanter la langue des muets, et ouvraient les cœurs encore fermés, jusqu'à ce qu'ils composassent sur lui des chants agréables, qui resplendissaient comme les étoiles d'en haut. Alors les yeux furent ouverts dans l'art du chant, les cieux s'ouvrirent, et l'on vit des visions divines. Dans ses jours, la science se répandit en Israël, car il était de la science l'ami et le protecteur (1). »

Hasdaï ben-Ishak, à l'imitation de son maître Alhakem, se mettait en relation avec les savants juifs qu'il ne pouvait attirer à Cordoue, et dont il excitait les talents par des questions, auxquelles ils répondaient souvent par des livres. C'est ainsi que Dounasch ben-Tamîm (qu'on ne doit pas confondre avec l'autre Dounasch ben-Labrat, qui vivait en Espagne), vivant à Kaïrwan, en Afrique, composa, pour répondre à des questions proposées par Hasdaï, un traité astronomique en trois parties, probablement relatif au calendrier juif, et qu'il le lui envoya à Cordoue (2).

Dosa, le fils du célèbre R. Saadias Gaon, écrivit de la Babylonie une lettre à Hasdaï, dans laquelle il faisait le récit de la vie de son père, et des mauvais traitements qu'il avait dû endurer de la part du Resch Galuta, ou *chef de la captivité*. Cette lettre, outre son but apparent, avait probablement aussi un autre but caché, qui était de s'attirer la faveur de Hasdaï, en disant du mal des autorités juives de la Babylonie (1).

Tous les renseignements recueillis jusqu'ici s'accordent donc pour prouver la vérité de ce fait énoncé, probablement sur l'autorité de quelque écrivain arabe contemporain, par Ibn-Abu-Oceibia, que Hasdaï ben-Ishak fut le premier qui ouvrit à la population juive d'Andalousie la porte de leurs connaissances en fait de jurisprudence religieuse, de chronologie, etc. Pour rendre encore plus évident ce fait, que je crois désormais à l'abri de toute discussion, je vais donner ici l'entière traduction des deux pièces poétiques de Dounasch et de Menahem, relatives à Hasdaï, dont j'ai parlé ci-dessus. Voici la pièce de Dounasch (2).

I. Je vais chanter un hymne, en louange du chef de l'académie, lequel détruisit complétement les armées des étrangers.

II. Il est ceint de gloire et de majesté, et, couvert de la victoire de Dieu, et il a pris aux étrangers dix forteresses.

III. Il fit un grand élagage des ronces et des épines, et il amena le fils de Radmir et des princes et des prêtres.

IV. Un seigneur, vaillant, roi, il l'amena comme un piéton, appuyé sur le bâton, chez un peuple qui lui est ennemi.

V. Et il entraîna la femme déréglée, sa grand' mère Tota, laquelle était revêtue de souveraineté sur les hommes.

---

(1) *Sepher Ha-Kabbalà*, édit. de Mantoue, 1513, fol. 7, b. v.

(2) Ce fut mon père qui, le premier, publia dans le *Kerem-Chemed* (7e année, p. 79-80) une partie de cette poésie (sept strophes) qu'il avait trouvée en tête d'un manuscrit hébreu, où cette pièce était parfaitement isolée. Peu de temps après, M. Dukes la publia dans le *Literatur-Blatt des Orients*, 1843, c. 229 (n° 15), d'après le manuscrit de la Bibliothèque de Leyde (n° 5 Scaliger), qui contient les ouvrages de Menahem et de Dounasch, mais qui est rempli d'erreurs de copiste. Quelques années plus tard, mon père acquit un manuscrit très-ancien des ouvrages de Menahem et de Dounasch, où cette pièce se trouve naturellement à sa place et en entier. Ce manuscrit est en général plus correct que celui dont mon père s'était servi la première fois, et que le manuscrit de Leyde. Je m'attache, en conséquence, presque toujours au texte en question qu'on trouvera à la fin sous le n° 1 de l'Appendice.

VI. Par la force de sa sagesse et la puissance de ses ruses et ses nombreux artifices, par les charmes de ses paroles,

VII. Les nations s'épouvantent, les peuples tremblent, par la terreur qu'il inspire les forts se consument dans leurs âmes.

VIII. Et chaque roi tremble, descend de son trône, et lui envoie des présents en Espagne.

IX. Ceux qui donnent des conseils sont pleins de fureur et de colère, et ont le trouble sur leurs visages, et de même les puissants.

X. De la même manière que leurs rois, il les abattit tous par son conseil, et les abaissa jusqu'au sol, comme des vauriens et des misérables.

XI. Dans l'Orient et dans l'Occident sa renommée est grande, et la famille d'Ésaü et les Arabes célèbrent sa bonté.

XII. Il cherche le bien de son peuple et chasse leurs adversaires, et rompt l'auteur de mauvais desseins, et détruit leurs adversaires.

XIII. Il est l'ami de plusieurs, il pardonne les offenses, et parle avec douceur lorsqu'il siége aux portes (au tribunal).

XIV. Il est pour les pauvres comme un père pour ses enfants, et ses mains sont comme des nuages pour les poëtes.

XV. Elles répandent, pendant l'hiver et pendant l'été, une pluie comparable à l'or et aux pierres précieuses.

XVI. Et aux fils (aux studieux) de la loi, il est salut et lumière, et il envoie ses richesses à Sora pour (en avoir) des livres.

XVII. Pour leur apprendre des statuts doux comme le miel, et des lois justes, pures et droites.

XVIII. Et moi Dounasch, son serviteur, le plus humble de tous les maîtres, voyant son amour et son respect pour la loi divine,

XIX. J'ai fait ce livre en réponse contre un interprète qui gâte toutes les belles sentences dans les paroles qu'il a arrangées.

XX. Au commencement (de ce livre) j'ai chanté une partie de ses louanges, à cause de sa bonté et de sa grandeur au-dessus de tous les princes.

XXI. Et lui, il est la couronne de mon livre, celui qui confirme mes interprétations et qui rehausse ma renommée au-dessus de tous les poëtes.

Voici quelques observations sur ce texte :

Le titre de rôsch-calla que nous avons traduit par chef de l'Académie, dans la première strophe, était un titre propre à ceux qui présidaient les académies littéraires en Orient. Dounasch l'attribue aussi autre part à Hasdaï, en disant d'un poëte qui écrivit l'éloge de celui-ci : Et un des poëtes, en chantant les louanges de R. Hasdaï, chef de l'Académie, dit, etc. Le même titre est attribué à Hasdaï, comme nous le verrons plus bas, par Menahem ben-Saruk.

Il paraît en conséquence que, selon l'opinion de ces auteurs, Hasdaï pouvait disputer aux chefs des académies de l'Orient, le titre que tous ses efforts tendaient à implanter pour ainsi dire sur le sol de l'Espagne.

Les cinq premières strophes sont, du moins en apparence, relatives à quelque expédition dirigée par Hasdaï contre les chrétiens d'Espagne, avec lesquels les rois de Cordoue étaient presque toujours en guerre. Nous reviendrons sur les faits qui y sont énoncés, lorsque nous aurons traduit aussi la poésie de Menahem.

La sixième strophe, qui célèbre l'adresse de Hasdaï, est en parfaite harmonie avec ce que disent de lui les ambassadeurs d'Otton Ier, c'est-à-dire qu'ils n'avaient jamais ni vu ni entendu d'homme plus prudent.

Les strophes septième et huitième, où l'on parle des présents qu'envoyaient à Hasdaï les princes étrangers, s'expliquent par ce qu'il dit lui-même dans sa lettre au roi des Khazars, de ses relations avec tous les ambassadeurs qui arrivaient en Espagne, et par ce que disent de lui les ambassadeurs de l'empereur d'Allemagne. Il était bien naturel que les ambassadeurs qui faisaient passer les présents qu'ils voulaient présenter au roi de Cordoue, de la part de leurs rois, par les mains de Hasdaï, fissent aussi des présents à ce dernier, dont la protection leur était nécessaire. On sait qu'il en est encore ainsi dans les cours orientales. Dounasch n'a fait qu'amplifier poétiquement et donner une portée plus grande à un fait d'ailleurs incontestable.

La grande renommée de Hasdaï dont on parle à la strophe onzième, est tout à fait naturelle, à cause de la protection qu'il accordait aux littérateurs juifs, et des relations qu'il avait en Asie, en Afrique, et dont nous avons parlé ci-dessus.

Ce que dit la strophe douzième de la protection qu'il exerçait sur les Israélites en général, est naturel pour un juif, et montre qu'il était en position de les défendre énergiquement par la faveur dont il jouissait auprès du roi.

La strophe treizième nous apprend que Hasdaï était aussi juge des juifs de Cordoue, et peut-être de toute l'Espagne. En effet, nous savons que Menahem se plaint, dans sa lettre à Hasdaï, d'un terrible jugement qu'il avait porté contre lui, et dont l'exécution montre qu'il avait les pouvoirs les plus étendus sur les juifs. Voici la strophe d'un poëte inconnu, cité dans les critiques de Dounasch, qui confirme ce pouvoir de Hasdaï : « Et un des poëtes, en employant le mot עקרב (scorpion), dans un cas oblique, a dit dans un chant d'éloge pour R. Hasdaï, chef de l'Académie : « Craignez la pointe de son épée, et la morsure de son scor- » pion, lorsqu'il siége sur son conseil pour rendre justice aux » pauvres... (1) »

Le commencement de la strophe quatorzième ne fait que con- firmer ce que dit le poëte inconnu cité tout à l'heure, à l'égard de son amour pour les pauvres.

La fin de cette strophe et toute la suivante, en célébrant les bienfaits que ses mains répandaient abondamment sur les poë- tes, ne font que confirmer pleinement ce que nous savions déjà sur Hasdaï, particulièrement par Harizi.

La seizième strophe sert de confirmation à ce que dit le der- nier, et aussi à ce que dit Ibn-Abu-Oceibia, quand ils nous ap- prennent que Hasdaï se procurait par l'entremise du roi Alhakem tout ce qu'il désirait en fait de livres des juifs d'Orient. Sora ou Sura, ville sur l Euphrate, voisine de Bagdad, résidence d'une des principales académies des juifs, devait être naturellement le lieu où les livres juifs se trouvaient en plus grande abondance, et où Hasdaï devait les chercher de préférence.

La strophe dix-septième sert à nous expliquer de quelle nature étaient principalement ces livres que Hasdaï faisait acquérir à Sora pour répandre l'étude en Espagne. C'étaient des copies du

---

(1) ולאחד השרים בסמיכת עקרב בשיר תהלה לרב חסדאי ראש כלה׃ יראו דקר חרבו׃ ונשך עקרבו׃ בשבתו במסיבו׃ למשפט אביונים׃ Ce passage a été publié, comme nous l'avons déjà dit, par M. Dukes, dans le *Literatur-Blatt des Orients*, mais d'après une leçon tellement fautive du manuscrit de Leyde, qu'il est méconnaissable et privé de tout sens.

Talmud, recueil de la jurisprudence religieuse et civile des juifs, et des copies des décisions légales, postérieures au Talmud, des chefs des académies de Babylone.

Au lieu des mots אני דונש עבדו *moi Dounasch son serviteur*, par lesquels commence la strophe dix-huitième, le manuscrit porte אני מודה חסדו, *moi qui remercie sa bonté*, l'autre leçon étant placée en marge du manuscrit comme variante.

De ce fait, mon père conclut (1) que la première est la leçon primitive, et que Dounasch, ayant présenté son livre à Hasdaï, en reçut des présents ; c'est pourquoi il y substitua, dans quelques manuscrits, la seconde leçon ; tandis que d'autres manuscrits ont conservé la première.

L'interprète si maltraité dans la strophe dix-neuvième, est Menahem ben-Saruk, qui est censé avoir corrompu le sens de l'Ecriture sainte par les explications qu'il donne des mots de la langue hébraïque dans son Lexique, qui paraît être désigné ici sous le nom de *paroles arrangées* en ordre alphabétique.

On aura remarqué sans doute que dans toute cette pièce le nom de Hasdaï même ne paraît jamais. Mais je n'ai fait que suivre l'opinion des plus savants critiques israélites, en supposant que Hasdaï est celui auquel elle est adressée.

Le docteur Zunz fut le premier à s'en apercevoir, et le docteur Sachs embrassa aussitôt cette opinion (2). Elle fut adoptée aussi par mon père dans sa *Bibliotheca* (22 r., 25 v.), et suivie après lui par M. Fürst dans son *Journal* (3).

Tant d'autorités respectables ne suffiraient pas néanmoins pour me faire adopter aveuglément une opinion ; mais après tout ce que nous avons recueilli sur Hasdaï, et après la comparaison que nous avons établie entre ces renseignements et la pièce de Dounasch, il nous paraît impossible de supposer qu'il y ait eu en Espagne, du temps de Dounasch, un autre personnage, sorti des files des juifs, auquel puissent convenir tous les détails de la poésie de Dounasch, qui s'adaptent si bien à Hasdaï, à commen-

---

(1) Sam. Dav. Luzzatto *Bibliotheca*, f. 25 v.

(2) Sachs, *Die religiœse Poesie der Juden in Spanien*, Berlin, 1845, p. 215 n.

(3) *Literatur-Blatt des Orients*, 1849, n° 51, c. 802.

cer par le titre même de *chef de l'Académie*, titre que, comme nous l'avons observé, Dounasch attribue une autre fois à Hasdaï, en l'indiquant nominativement. Ce qui reste encore obscur et inexpliqué dans la pièce de Dounasch deviendra même un nouvel appui de notre opinion, après qu'on aura lu celle de Menahem, qui parle le même langage que Dounasch, par rapport aux victoires remportées sur les chrétiens par Hasdaï, qui y est nommé clairement.

Pour qu'on ne puisse pas croire que je parte d'une opinion adoptée *à priori*, en attribuant des exploits guerriers à Hasdaï, je renvoie l'examen de la partie qui s'y réfère dans la pièce de Dounasch, après la traduction de celle de Menahem, que voici (1) :

I. A celui qui est fort dans la doctrine et dans la loi précieuse, au chef en Juda, présentez un salut, ô montagnes !

II. Accourez avec allégresse des quatre coins du monde, débarrassez les chemins et parcourez les villes.

III. Pour que vienne le prince fidèle, (semblable à) une délicieuse plantation, du temps duquel Yechourun n'est pas veuf (délaissé) pour toujours.

IV. Que toutes les bouches se hâtent d'être riantes, que les terres arides, les déserts et les forêts chantent.

V. Que le désert se réjouisse, qu'il fleurisse et produise des fruits, devant le chef de l'Académie qui·vient, avec joie et chants.

VI. Car toutes les fois que ses pieds marchent sur les chemins, les astres s'obscurcissent et restent éclipsés.

VII. Et la ville célèbre, dessinée avec grâce, dans son absence était abattue, et ses habitants étaient tristes.

VIII. Et ses pauvres étaient désolés lorsque ses yeux s'étaient retirés, et qu'ils ne voyaient plus son visage, qui brille comme les étoiles.

---

(1) Le texte de cette pièce a été publié et en partie commenté par mon père (*Bibliotheca*, fol. 23-25), d'après son man. de Menahem. Mais comme une partie de cette pièce se trouve dans le dernier feuillet du man., un peu rongé par les vers, elle est pleine de lacunes que mon père remplit plus tard, (*Ibid.*, fol. 65), d'après un man. de Parme. Je donne cette pièce en entier sous le n° II de l'Appendice.

IX. Et les superbes dominaient pendant son absence sur les restes (du peuple juif), et comme des esclaves ils étaient vendus et achetés.

X. Les violents s'engraissaient et les oppresseurs persécutaient, les conseillers s'augmentaient, les conjurés se multipliaient.

XI. Pour engloutir leurs richesses, leurs biens et leurs substances, ils allongeaient leurs langues et rugissaient comme des lionceaux.

XII. Et eux, ils étaient tous épouvantés à cause de l'éloignement de leur ombre (leur défenseur), de celui qui adoucissait leur joug, des grands comme des petits.

XIII. Celui qui les tenait en vie, et qui était aussi comme un ruisseau et une source d'eau sur une terre aride.

XIV. Il enleva le joug de son peuple et sa corde, et son âme s'attrista pour lui, et ses entrailles s'émurent.

XV. Et le bâton qui l'opprimait, il l'a brisé du milieu de lui, et il a empêché que les cruels ne vinssent sur lui.

XVI. Celui qui est unique (Dieu), par sa pitié et sa miséricorde, l'a envoyé aux restes de son peuple, instrument de salut et de guérison pour leurs blessures.

XVII. C'est lui qui a fait de sa vie (de Hasdaï), le salut de ceux qu'il avait délivrés (d'Égypte), et ses malheureux et ses pauvres, lui vivant, sont secourus.

XVIII. Il leur a rappelé le temps où ils sont sortis libres de la servitude, et dans lequel il les portait sur les ailes des aigles.

XIX. Lorsqu'il se tourna vers eux dans une terre étrangère, et qu'il les délivra de la servitude des Égyptiens.

XX. Et qu'il manifesta d'en haut salut et secours, et qu'en leur faveur il prit le nom de Dieu des Hébreux.

XXI. Et qu'il dispersa les peuples et répandit leurs os, et que de sa main il fendit la mer Rouge.

XXII. Le Dieu de tous les mortels le leur donna pour prince (Hasdaï), pour faire connaître la morale, pour instruire les esprits légers.

XXIII. Et il le fit prospérer dans le chemin, où l'avait envoyé son roi, et la grâce de son éloquence plut comme le sacrifice d'expiation,

XXIV. Et le plaça en faveur chez le roi qui le nomma prince, et l'éleva au-dessus de ses autres dignitaires.

XXV. Personne n'ouvrait la bouche dans tous les lieux où il passait, avec l'aide de Dieu il surpassa tous les forts.

XXVI. Et il ouvrit avec éloquence et par la douceur des pensées, sans flèches et sans épées, des villes et des cités.

XXVII. Et il chassa de sa cachette une nation que Dieu a maudite, il dégaîna son épée et extermina les ennemis,

XXVIII. Qui délirent et sommeillent, semblables à des chiens; il écrasa les abominables mangeurs de porcs.

XXIX. Et de tout côté il opprima l'ennemi par sa sagesse, et ceux qui embrassent le bouclier perdent le courage devant lui.

XXX. Et ceux qui portent les lances devant lui s'humilient aussi bien que ceux qui portent les épées, qui sont ceints d'armes.

XXXI. Les cavaliers, eux aussi, s'enfuient, liquéfiés et fondus, dispersés et débandés.

XXXII. Et tous se cachent tremblants et saisis de crainte, et entrent devant lui dans les cavernes des rocs.

XXXIII. Sa renommée monte toujours plus haut, les princes espèrent en lui comme dans la rosée et dans la pluie.

XXXIV. Ils ouvrent leurs bouches à sa pluie, ils attendent sa parole avec anxiété, et devant lui tous les princes s'abstiennent de parler.

XXXV. Ils cachent leur esprit, et leur bouche se tait, et devant son intelligence ils tâtonnent comme des aveugles.

XXXVI. Ils accourent à lui et à ses bonnes actions, et sous la plante de ses pieds ils lèchent la poussière.

XXXVII. Et lui, dans ses discours, il est rapide comme dans ses courses, et tous ses conseils sont comme des oracles.

XXXVIII. Ses lèvres par leur douceur font revivre les esprits, guérissent les os et donnent la vie aux corps.

XXXIX. Pour ceux qui sont devant lui et en sa présence, et qui habitent près de lui; puisque son entendement est grand, au-dessus de tous les docteurs.

XL. Je sais que chez lui l'iniquité n'a pas de place, et que sa part est la vérité, non le mensonge et la fausseté.

XLI. Celui qui prononce l'erreur n'aura pas de faveur près de lui, car il veut la justice, et aime la droiture.

XLII. Mon cœur se propose de répondre et d'éclaircir les paroles de celui qui se prétend supérieur à tous les interprètes.

XLIII. Celui-ci est le fils de Labrat..............................
....
....

XLVI. J'ai répondu là-dessus de fortes réponses, que je te prie de vouloir bien regarder, ô la plus savante des créatures.

XLVII. Ne méprise pas mes paroles, et (ne dédaigne pas) de te tourner vers moi ; sois charitable pour moi et juge de ces questions.

XLVIII. Écoute-moi, ô mon seigneur R. Hasdaï, et que le Dieu tout-puissant écoute tes prières dans les malheurs.

XLIX. Qu'il prenne ta défense, qu'il réjouisse tes amis, et que tous tes ennemis soient comme l'herbe des prairies.

L. Que tes jours soient longs, protégés et heureux ; que ceux qui te bénissent soient bénis, et ceux qui te maudissent soient maudits.

La pièce que nous venons de traduire fut écrite probablement peu de temps après celle de Dounasch, puisque Menahem ne doit pas avoir laissé longtemps sans réponse les critiques de Dounasch, que celui-ci avait adressées à Hasdaï.

Menahem commence par célébrer dans les cinq premières strophes le retour de Hasdaï à Cordoue ; il s'adresse à toute la nature animée et inanimée pour l'exhorter à célébrer comme il faut cet heureux événement, car, ajoute-t-il, toutes les fois que Hasdaï est en voyage, et absent de Cordoue, la ville célèbre et bien bâtie, les astres s'obscurcissent et cette ville devient triste (str. 6 et 7). Les pauvres spécialement sont affligés par l'absence de leur ami et de leur providence (str. 8) ; éloge qui est parfaitement d'accord avec celui de Dounasch et du poëte anonyme et a tout l'air en conséquence d'être l'expression de la vérité. Mais ceux qui avaient le plus souffert de l'éloignement de Hasdaï, ont été ses frères en religion, les Israélites (9-12). Lui présent, leurs ennemis, les mahométans, n'osaient pas les attaquer, mais aussitôt qu'il était parti, ils relevaient la tête, se réjouissaient en pensant au mal qu'ils pouvaient leur faire, les menaçaient, et se consultaient entre eux sur les moyens qu'ils pourraient employer pour les dépouiller de leurs biens et de leurs richesses. C'est pourquoi, eux tous, les juifs, petits et grands, c'est-à-dire riches et pauvres, étaient saisis de frayeur et attendaient avec anxiété le retour de Hasdaï (12). Car lui, il est leur défenseur, celui qui adoucit leur joug (par l'influence qu'il a à la cour et sur l'esprit du roi), celui qui fait passer pour ainsi dire les juifs de la mort à la vie (13). Dieu, dans sa pitié pour son peuple, a en-

voyé ce nouveau Moïse, qui les a fait souvenir du jour de la dé-
livrance d'Égypte ; car lui aussi, comme Moïse, il les a rendus à
la liberté, il a levé de dessus leur cou le joug des étrangers,
il a dénoué les cordes qui tenaient leurs corps prisonniers,
il a rompu le bâton qui les opprimait (14-21). Mais comme
celle de Moïse, la tâche de Hasdaï ne se bornait pas à dé-
livrer les Israélites d'une servitude avilissante et à leur faire
respirer l'air de la liberté, mais aussi à les ennoblir à leurs
yeux mêmes, à leur apprendre la morale, à les instruire dans
les lois de Dieu, en répandant parmi eux les livres et les études (22).

Dieu, poursuit Menahem (24), le plaça en faveur auprès de son
roi, qui le nomma prince. Cette phrase littéralement traduite signifie *qui le députa pour prince*, et le mot qui est employé pour prince
(catzin), signifie aussi dans la Bible *juge*, tout comme le mot
arabe *cadhi*, qui vient de la même racine. Il se pourrait en conséquence que Menahem eût employé le mot hébreu dans le sens
qui s'approche le plus de celui de l'arabe, et que cette phrase re-
gardât la charge de juge des juifs, possédée, comme nous le savons, par Hasdaï, et à laquelle Dieu, selon Menahem, avait inspiré
au khalife arabe de l'élever. Quoi qu'il en soit de cette phrase,
la suivante : et éleva (litt. et éleva sa corne, ou sa gloire) au-
dessus des autres dignitaires, chefs ou princes (le mot hébreu est
charim), elle n'a aucune relation avec une charge sur les juifs,
mais signifie que sa faveur, sinon son autorité, surpassa, auprès
du roi, celles de tous les autres dignitaires, ministres ou wezirs,
quels qu'ils fussent. Il peut y avoir dans cette expression un peu
d'orgueil national et un peu d'amplification poétique, mais le
fait que Hasdaï jouissait d'une haute faveur auprès des khalifes
de Cordoue est parfaitement exact, ainsi que nous l'avons montré
ci-dessus par des extraits d'auteurs chrétiens et musulmans, qui
ne font que confirmer ce que dit à cet égard l'auteur juif que
nous commentons.

La strophe (24) dont nous venons de parler est probablement
transposée, et doit être placée avant la strophe qui précède (23),
puisque celle-ci ne se comprend bien qu'en la lisant après la
strophe 24, et avant la strophe 25. Car Menahem dit que Dieu a
placé Hasdaï en faveur auprès de son roi qui l'éleva au-dessus de

ses dignitaires; qu'il (Dieu) le fit prospérer dans le chemin où celui-ci (le roi) l'avait envoyé; qu'il rendît agréable la grâce de son éloquence comme celle du sacrifice d'expiation, car telles étaient son éloquence et la douceur de ses pensées, que partout où il passait (dans ce voyage entrepris par ordre de son roi), personne n'ouvrait la bouche, c'est-à-dire ne s'opposait à ses volontés: et il se montra fort entre tous les forts : c'est-à-dire il surpassa les plus vaillants combattants, non des ennemis, mais de son parti même. Cette phrase peut aussi avoir un autre sens, selon qu'on lit *becol* ou *kecol*, avec un beth ב, ou avec un çaf כ, car le manuscrit est douteux quant à cette lettre. Si on adoptait la seconde leçon on devrait traduire : « il se montra fort comme tous les forts, » c'est-à-dire comme s'il avait été un fort, un preux guerrier, comme les autres qui passent leur vie dans les batailles. Alors il s'ensuivrait que Hasdaï n'était pas un général, ni un guerrier, mais que cette fois il égala les plus vaillants guerriers. Il faut avouer pourtant que, même en adoptant la première leçon, il ne s'ensuit pas nécessairement que Hasdaï ait joui auparavant d'une renommée comme guerrier, et qu'il ait jamais commandé des troupes; car Menahem, après avoir célébré l'éloquence de Hasdaï dans la strophe 23, et après avoir dit que personne ne s'opposait à lui partout où il passait, explique dans la strophe suivante en quoi consistait l'heureuse influence qu'il exerçait par sa faconde, en disant : « Et il ouvrit avec l'éloquence et la douceur de ses pensées, sans flèches et sans épées, des villes et des cités. » La manière donc par laquelle Hasdaï surpassa tous les forts, fut en se faisant ouvrir, sans tirer l'épée, les portes des villes ennemies qu'il conquérait pour son roi, car nous comprenons que telle était la mission que lui avait assignée ce prince. Si les motifs pour lesquels Hasdaï avait été chargé de cette mission étaient attachés à sa charge de ministre du commerce ou des finances, ou s'ils étaient tout particuliers à cette occasion, nous le verrons plus bas. En attendant nous pouvons conclure avec certitude que Hasdaï accompagna quelquefois les armées musulmanes contre leurs ennemis et les aida à s'emparer des villes, dont il se faisait ouvrir paisiblement les portes par son adresse et son éloquence. Le témoignage de Dounasch, lorsqu'il dit (str. 2) que Dieu revêtit Hasdaï de sa victoire et que celui-ci prit sur les ennemis dix forteresses, est donc confirmé par celui de Menahem, et nous étions dans le vrai lorsque nous supposions que la pièce de Dounasch était adressée à Hasdaï. Après la conquête des villes, Menahem parle de la fuite des ennemis que Hasdaï chassait de ces villes, ou qui prenaient la fuite à son approche. Il s'exprime ainsi : « Il chassa de sa retraite une nation que Dieu a maudite, il dégaîna son épée et extermina ses ennemis; c'est-à-dire il chassa des lieux où ils se réfugiaient les guerriers ennemis, et les obligea à se cacher dans les flancs des montagnes (29-32). Or, qui sont ces ennemis qu'il appelle une nation maudite par Dieu, et plus bas (28) les abominables mangeurs de porc? Si nous ne savions que les ennemis perpétuels des khalifes de Cordoue étaient les chrétiens du Nord de l'Espagne, ce dernier qualificatif les caractériserait déjà, puisque les mahométans, comme les juifs, s'abstiennent de la chair de porc, et que par conséquent *mangeur de porc* devait être pour les musulmans comme pour les juifs qui habitaient parmi eux, une épithète indiquant les chrétiens.

C'est également des mahométans que Menahem a appris à donner aux chrétiens le nom de nation maudite par Dieu, car les juifs, même dans les temps des plus affreuses persécutions, n'ont jamais maudit leurs ennemis, mais ont seulement prié Dieu pour qu'il annulât leurs mauvaises pensées à leur égard.

D'ailleurs les chrétiens d'Espagne, du temps de Menahem, étaient tellement divisés entre eux et tellement déchirés par la guerre civile, comme nous le verrons plus bas, qu'ils devaient paraître naturellement comme frappés de la malédiction divine, aux yeux des sujets des khalifes de Cordoue, qui vivaient tranquilles et heureux sous un prince qu'ils aimaient (1).

---

(1) Je ne veux pas priver le lecteur d'une conjecture fort ingénieuse sur la nation maudite par Dieu, que le célèbre critique, M. S. L. Rapoport, rabbin à Prague, a communiquée dans une lettre de la fin d'août 1849 à mon père, et qu'il n'a pas, que je sache, donnée au public. M. Rapoport, remarquant qu'Abdalrahman III eut aussi des guerres en Afrique, dans le Maroc moderne, qu'il contestait aux sultans fatimites d'Égypte, et dont il réussit pour quelque temps à se faire proclamer souverain; et observant que les Berbers, habitants primitifs de l'Afrique

Les mots « il dégaîna son épée » après ceux «sans flèches et sans épées » ne sont qu'une phrase poétique, qui s'explique aisément.

Les actions de Hasdaï, dit Menah⸱m, font monter toujours plus haut sa renommée (33), ses conseils deviennent des oracles qu'on écoute la bouche ouverte et sans oser l'interrompre. Tous les princes attendent sa parole et n'osent manifester leur pensée, de peur de se tromper, car devant son intelligence, ils sont comme des aveugles qui tâtonnent dans l'obscurité. Ils accourent à lui, confiants dans sa générosité, pour obtenir de lui quelque faveur, et en attendant ils s'humilient devant lui et lèchent la plante de ses pieds.

Sa bonté pour ceux qui sont présents devant lui est immense, sa parole est douce comme le miel, ses lèvres font revivre par leur douceur les esprits abattus et guérissent les corps. Dans cette dernière expression, il y a peut-être une allusion à son habileté dans l'art de guérir.

Les dernières strophes regardent Dounasch ben-Labrat (40-50) que Menahem accuse d'erreur et de fausseté dans ses opinions, et auquel il annonce qu'il va répondre, en priant Hasdaï de vouloir bien, lui qui est la plus savante des créatures, jeter un regard sur son livre, de ne pas se laisser tromper par les paroles de Dounasch, et de juger entre eux deux.

Il finit en demandant sa protection, en échange de laquelle il lui souhaite celle du Tout-Puissant, dans le cas où quelque malheur lui arriverait.

Le titre de *la plus savante des créatures*, quelque exagéré qu'il puisse être, montre que Hasdaï était réellement renommé pour ses connaissances dans la langue hébraïque et dans la législation talmudique. C'est ainsi que, dès la première strophe, Menahem appelle Hasdaï *fort dans la loi*, c'est-à-dire, dans la connaissance

---

septentrionale, étaient, selon une tradition conservée par Procope et connue des juifs et des Arabes du moyen âge, descendants des anciens habitants de la Palestine, fils de Canaan (voyez la *Palestine*, de M. Munk, p. 81), maudit, comme on sait, avec Ham son père, par le patriarche Noé, suppose que la nation maudite par Dieu n'est autre que celle des Berbers.

M. Rapoport pourtant distingue la nation des Berbers de celle des *mangeurs de porc*, qu'il admet, comme moi, être les chrétiens d'Espagne. Voyez aussi ce qu'il a écrit dans le *Erech Millin*, t. I, p. 184, art. Afrique.

de la loi de Moïse, et que Ibn—Abi-Oceibia le place parmi les docteurs juifs, au premier rang dans la connaissance de leur loi.

Maintenant, il nous reste encore à fixer l'époque des faits d'armes mentionnés dans la pièce de Menahem, et par là celle de cette pièce même. Mais, comme d'après celle-ci, elle serait fort difficile à déterminer, puisque cette pièce ne contient que des indications très-vagues et indécises sur les faits dont elle parle, il nous faut revenir pour cela à la pièce de Dounasch, qui entre dans quelques détails fort intéressants sur des faits et des personnes caractérisées par leurs noms et par leurs titres, et sur laquelle nous devons encore des explications au lecteur.

Je reproduis ici d'abord le texte même des strophes que je vais examiner.

« Il est ceint de gloire et de majesté, et couvert de la victoire de Dieu, et il a pris aux étrangers dix forteresses.

» Il fit un grand élagage de ronces et d'épines, et il amena le fils de Radmir, et des princes et des prêtres.

» Un seigneur, vaillant, roi, il l'amena comme un piéton, appuyé sur un bâton, chez un peuple qui lui est ennemi.

» Et il entraîna la femme déréglée, sa grand'mère Tota, laquelle était revêtue de souveraineté sur les hommes ; par la force de sa sagesse et la puissance de ses ruses et ses nombreux artifices, par les charmes de ses paroles. »

Nous avons montré tout à l'heure, d'après Menahem, la vérité de ce qui est dit dans la première de ces strophes sur les forteresses prises aux ennemis, que nous avons dit être les chrétiens.

La phrase : « Il fit un grand élagage de ronces et d'épines, » signifie probablement qu'il tua (ou contribua par ses conseils au massacre d') un grand nombre d'ennemis, que le poëte compare aux mauvaises herbes.

La suivante : « Il amena le fils de Radmir, etc., jusqu'à « sur les hommes, » paraît dépendre tout entière de la dernière strophe, et il s'ensuivrait que Hasdaï aurait amené le fils de Radmir, sa grand'mère Tota, des princes et des prêtres, à un peuple qui leur est ennemi, par la seule influence de ses artifices et de son éloquence, et non comme prisonniers de guerre, ce qui d'ailleurs aurait été indiqué par le poëte avec plus de clarté et de précision qu'il ne fait. Nous reviendrons sur ce point.

La peinture du fils de Radmir amené à ses ennemis comme un piéton, qui s'appuie sur un bâton, est destinée à faire ressortir davantage l'adresse de Hasdaï pour avoir conduit avec lui un prince valeureux, non avec tout le faste propre à son rang, mais humble, presque suppliant, comme un pauvre diable qui est réduit à voyager à pied, sans monture, et qui marche fatigué du chemin, avec difficulté, s'appuyant sur son bâton.

Les paroles : « Il l'a conduit (le fils de Radmir) à un peuple qui lui est ennemi, » sont probablement destinées à montrer quel devait être le charme de la parole de Hasdaï, s'il a réussi à persuader à un prince chrétien de se fier aux mahométans, ses ennemis, et de venir se placer, volontairement, à ce qu'il paraît, entre leurs mains. Je dis *volontairement*, car le verbe dont se sert ici Dounasch, *il l'a amené*, n'indique pas qu'il ait dû exercer pour cela la force, mais plutôt le raisonnement et la persuasion.

Or, qui est ce fils de Radmir, prince et valeureux, que Hasdaï amena aux mahométans à Cordoue avec sa grand'mère Tota ? et quand et pourquoi les a-t-il conduits à Cordoue ? C'est ce que nous allons tâcher de démêler avec le lecteur, s'il veut bien avoir la patience de nous suivre dans nos recherches.

Commençons par la vieille Tota, dont le nom nous est connu ; ensuite nous passerons à son neveu ben-Radmir, dont le nom nous est encore inconnu.

Cette femme était probablement une reine, puisqu'elle exerçait une souveraineté sur les hommes, et puisqu'elle est qualifiée grand'mère d'un roi. Or, entre les divers royaumes dans lesquels était partagée l'Espagne chrétienne au dixième siècle, celui de Navarre est le seul qui présente une reine du nom de Tota.

D. Sanche, fils de Garcie et frère de D. Fortun le Moine, auquel il succéda en 905, eut pour épouse en secondes noces D. Toda, ou Tota Aznarez. De cette femme il eut D. Garcie, qui lui succéda sur le trône, et cinq filles. Mais comme D. Garcie, à la mort de son père, survenue en 926 selon quelques-uns, et en 930 selon quelques autres, était encore un enfant, D. Tota se chargea de la tutelle, et pendant tout le règne de son fils elle conserva une très-grande influence.

Un auteur, qui a traité particulièrement l'histoire de Navarre, le P. Joseph Moret, qui, selon les savants auteurs de l'histoire universelle anglaise, a illustré à lui seul l'histoire de la Navarre plus que tous ses devanciers (1), a copié dans ses *Investigaciones historicas de las antiguedades del regno de Navarra* (Pampelune, 1665) un grand nombre de chartes dans lesquelles se trouve nommée cette reine avec son mari et son fils, et qui montrent qu'elle jouissait réellement d'un grand pouvoir à la cour de Pampelune.

Mais laissons parler le P. Moret, ou, pour mieux dire, les chartes du dixième siècle, contemporaines de Hasdaï, que le P. Moret, en historiographe des États de la Navarre, a pu recueillir dans tous les monastères et dans toutes les bibliothèques publiques et privées plus facilement que tout autre écrivain.

« Que D. Sanche, frère de D. Fortun le Moine, ait eu pour femme D. Toda Aznarez, fille, à ce qu'il paraît, du comte Aznar d'Aragon, et que par elle se soit propagée la lignée des rois de Pampelune, c'est une chose qui est prouvée par d'innombrables textes. L'acte de donation qu'ils firent tous deux à l'église de Saint-Pierre du village d'Usun pour le salut miraculeux du roi, qu'on voit dans l'archive de la cathédrale de Pampelune, commence par les mots : « Moi, Sanche Garcez, roi avec ma femme Tota Aznarez, etc., » et finit : « La charte de la donation a été faite dans l'ère (d'Espagne) 962, » correspondante à l'an 924 de l'ère vulgaire (2).

« A la même date appartient l'acte de fondation du monastère de Saint-Martin d'Alvelda du même roi pour le récent triomphe de Viguera au commencement de janvier, aux nones, c'est-à-dire au 5 de ce mois. La fondation est attribuée conjointement « au roi Sanche et à sa femme la reine Tuta. » Et à la fin, dans les subscriptions après celle du roi et avant tous les infants : « la reine Tuta confirme. »

« Toutes les donations du roi D. Garcia Sanchez faites à Saint-

---

(1) *Histoire universelle,* écrite par une compagnie de savants. *Histoire d'Espagne, de Portugal et de Navarre,* ch. 3, section 1re, vers la fin; de l'édit. ital. d'Amsterdam, vol. 58, p. 152.

(2) On sait que l'ère d'Espagne précède de trente-huit ans complets l'ère vulgaire, et qu'elle fut en usage dans ce pays pendant tout le moyen âge. Le point de départ de cette ère était la conquête de l'Espagne opérée par Auguste, l'an 39 avant l'ère vulgaire.

Millan, l'an 958 (920), dans laquelle il agissait déjà en roi, du vivant même de son père, jusqu'à celle de 967 (929), qui sont en grand nombre, et dont plusieurs ont été déjà rapportées ci-dessus, disent qu'il les fait « avec sa mère, la reine Tota. » Et quoique Sandoval et Garibay aient conclu, de ce qu'il ne se trouve dans l'archive de Saint-Millan aucun acte postérieur qui parle de la reine D. Tota comme vivante, qu'elle mourut en cette même année 967 ou an du Christ 929, on voit qu'elle survécut un bien plus grand nombre d'années à son mari, le roi D. Sanche, par la donation qu'elle-même fait au monastère des SS. Julien et Basilisa de Labasal, dix-huit ans plus tard. Après l'exorde, on y lit :

« Je donne et offre à Dieu et à saint Julien de Labasal, moi, la reine Tota, mère du roi Garcie Sanchez...» « La charte a été faite l'ère 985 (947), sous le règne du roi Garcie Sanchez... » Dans la donation d'Abetito, il est dit qu'environ trente années après la guerre d'Abderrahman contre Ordogne IIᵉ (roi de Léon), qu'on place en l'année 958 (920), arriva aux oreilles du comte D. Fortun Ximenez, qui en ce temps-là gouvernait la province d'Aragon, sous le commandement du roi D. Garcie Sanchez, fils de la reine D. Tota, la renommée de la sainteté du monastère de Saint-Juan (1).

» Dans la donation des comtes D. Gusticulo et D. Galindo, on dit qu'ils se présentèrent en jugement devant le roi D. Garcie Sanchez, la reine D. Tota et ses barons D. Galindo Aznarez et D. Ximène Galindez, juges en Aragon. Elle est faite en l'année 986 (948).

» Dans le fol. 80 du livre gothique, on raconte que D. Galindo Azuar et l'abbé Garsean firent un procès au sujet de la ville de Veral, et qu'ils recoururent pour être jugés, « au roi Sanche Garcez et à la reine D. Tota. » Cette charte est sans date. Dans l'acte célèbre par lequel ce même roi D. Garcie (sic), confirme la grande donation de l'évêque D. Galindro à l'abbé de Leyre, D. Rodrigue, du droit épiscopal des dîmes de la Valdonsella et d'autres lieux, auxquels le roi ajoute tous les lieux qu'il pour-

---

(1) Le texte complet de cette donation, qui est fort intéressant, se trouve p. 300 de l'ouvrage de Moret.

rait gagner sur les infidèles, dans l'exorde de l'acte, il se nomme lui-même : « Moi, le roi Garcie, fils du roi Sanche et de la reine Tota. » La date de cette pièce est citée diversement par Sandoval et par Garibay ; pourtant, dans le livre Rotundo de la cathédrale de Pampelune, qui est ancien et fort exact, on dit qu'elle a été faite au 19 des calendes de mars de l'an 976 (938).

« Dans la donation que le roi D. Sanche fit à Leyre des villages de Saint-Viente et de Liedena, qui est de l'an 986 (948), après s'être appelé « fils du roi Garcie, héritier du trône de mon frère Fortun, » il dit qu'il venait à Leyre pour recevoir la frairie « avec la reine D. Tota, sa femme. » Dans l'archive de la cathédrale de Logrono, outre l'acte déjà cité de la fondation d'Alvelda, dans laquelle le roi D. Sanche appelle la reine D. Tota, sa femme, on en voit d'autres dans lesquelles le roi D. Garcie se nomme son fils.

« Dans une donation que D. Garcie Ciclevo fait à Saint-Martin et à son abbé Dulquito, de la saline de Geniz, en Guipuscoa, et qui est sans date, mais fort rapprochée d'une autre donation faite en ce même lieu de Geniz, et dans laquelle figure comme témoin le même Garcie Ciclevo, donation qui est faite au même abbé Dulquito, en l'an 985 (947), il est dit qu'on fait la donation en l'honneur de Saint-Martin, évêque et confesseur, dans le lieu qu'on appelle Alvelda, sous le règne du roi D. Garcie et de sa mère D. Tota.

« Dans un acte des mêmes archives d'écriture fort ancienne, et qui paraît original, on dit : « Et parce que cette tradition qu'on fit dans l'année 988 (950), devait être confirmée par l'autorité du glorieux prince D. Garcie, et de sa mère, la reine D. Tota, etc., etc. » Par où l'on voit que la reine D. Tota vivait encore en l'année 988 (950). Il y a encore une mention de la reine D. Tota, aux archives de Sainte-Marie d'Irache, dans la donation que fait une dame nommée D. Elo, à ce monastère et à son abbé Dulquito, laquelle se termine ainsi : « La charte a été faite en l'année 966 (928), sous le règne du roi Garcie et de la reine D. Tota. » Le roi D. Sanche le Grand, dans le concile qu'il fit célébrer à Pampelune, pour la restauration de l'église de cette ville, et qui paraît avoir eu lieu en l'année 1055 (1017), parmi les choses qu'il dit appartenir à cette église, met le monastère de

Saint-Pierre, qui est sur la rive d'un fleuve nommé Sarasazo, donné par le roi Sanche-Garcez et sa femme Tota-Aznarez. On a déjà rapporté ci-dessus la donation de ce roi avec sa femme, la reine D. Toda Aznarez, à laquelle se réfère le roi D. Sanche le Grand, son troisième neveu. De cette sorte, par toutes les archives de la cathédrale de Pampelune, de la Chambre des comptes, de Saint-Salvador de Leyre, de Saint-Jean de la Pena, de Saint-Millan, de Sainte-Marie d'Irache, de la collégiale de Logrono, qui est le reste du célèbre monastère de Saint-Martin d'Alvelda, il reste démontré que la reine D. Tota, que quelques priviléges désignent par le surnom patronymique d'Aznarez, fut épouse du roi D. Sanche Garcez, et presque tous, étant en si grand nombre, montrent que par elle se propagea la succession des rois et que le roi Garcie Sanche fut son fils (1). »

Cet extrait me semble suffisant pour montrer que non-seulement il y avait en Espagne, et précisément en Navarre, du temps de Hasdaï (2), c'est-à-dire au moins de 920 jusqu'à 950, une reine du nom de Tota, comme le dit Dounasch dans sa pièce; mais aussi, que cette reine commandait réellement, car elle se présente dans tous les actes de donation et dans tous les jugements auprès de son fils Garcie, ce qui confirme les paroles de Dounasch, qui dit qu'*elle était revêtue de royauté sur les hommes.*

Maintenant il nous reste à trouver un neveu de D. Tota, qui soit fils de Radmir. Ce dernier nom est celui que donnent les auteurs arabes aux rois d'Espagne qui s'appelaient Ramir (2), forme qui se trouve d'ailleurs dans le manuscrit de Leyde de la pièce de Dounasch.

______

(1) *Investigaciones*, etc., Pampelune, 1665, l. II, ch. 8, § 3, p. 412-416; et p. 443-447 de la deuxième édition (Pampelune, 1766).

(2) Quelques auteurs, comme Moreri dans son grand Dictionnaire (art. Navarre), parlent d'autres Totes, qu'ils placent à des époques antérieures à Hasdaï. Mais ces auteurs ont été induits en erreur par l'abbé Juan Briz que Moret réfute judicieusement p. 310 de son ouvrage cité ci-dessus. Plus haut (p. 272), il avait déjà dit que D. Tota, la femme de Sanche Garcez (contemporaine de Hasdaï) est l'unique reine de Navarre qui ait porté ce nom.

(3) Conde, *Historia de la dominacion de los Arabes en Espana*, 2e part., ch. 78 et 82 de l'édit. de Paris (1840), p. 205 et 214.

Nous devons chercher en conséquence, chez les historiens chrétiens d'Espagne, un fils de Ramir qui ait été neveu de D. Tota, la reine de Navarre.

Rodericus Toletanus, ou de Tolède, dans son ouvrage : *De rebus Hispaniæ*, raconte que Ramir II, roi de Léon, eut deux fils, Ordoño, qui fut le troisième du nom, et D. Sanche, surnommé le Gros, à cause de son obésité. Le dernier avait eu pour mère D. Thérèse, sœur de Garcie, roi de Navarre, c'est-à-dire fille de D. Sancho Garcez, roi de Navarre, et de sa femme Tota. Don Sanche, fils de Ramir II, roi de Léon, à la mort de son père, qui arriva en 950 de l'ère vulgaire, disputa la couronne à son frère Ordoño III, mais ayant été vaincu, il se retira chez son oncle Garcie, à Pampelune, la capitale de la Navarre. Ordoño III mourut peu d'années après, en 955, et alors D. Sanche monta sur le trône de Léon, dont il fut chassé deux ans plus tard par les grands du royaume, qui s'étaient révoltés, et à la tête desquels se trouvait le comte de Castille, D. Fernand Gonzalez. D. Sanche se réfugia de nouveau à Pampelune, où il demeura quelque temps ; après quoi son oncle lui conseilla d'aller à Cordoue pour se faire guérir par les médecins arabes, estimés les plus habiles, de sa maladie, l'obésité. Il suivit ce conseil, et alla à Cordoue se faire guérir par les médecins du khalife omeyyade 'Abd-al-Rahman III, avec lequel il contracta une alliance. Les révoltés de Léon ayant élu, pendant ce temps, un autre roi qui fut Ordoño IV, le Mauvais, 'Abd-al-Rahman donna à Sanche des troupes musulmanes, qui, réunies à celles de son parent, le roi de Navarre, l'aidèrent à regagner son trône qu'il conserva pendant toute sa vie.

Tel est le récit de Rodericus Toletanus, qui écrivait en l'année 1243 de l'ère vulgaire (1).

Dans l'ancien ouvrage généalogique que l'on désigne sous le nom de Manuscrit de Meyá (2) (*V. Diccionario geografico-his-*

---

(1) Son ouvrage se trouve dans le tome 1er des *Rerum Hispanicarum Scriptores*, recueillis par Robert Bel (Francfort, 1579) ; et le passage que nous avons cité, dans le ch. IX du liv. V, p. 217-18.

(2) Je dois les extraits qui suivent du manuscrit de Meyá et de la chronique de Sampirus, à l'obligeance de M. Reinhart Dozy, qui me les a fait

torico de España, por la réal Academia de la historia, seccion I,
t. II, p. 95, 96, Madrid, 1802), on lit : « Sancio Garseanes, optime
» imperator, accepit uxorem Totam Asnari et genuit Garsea rex
» et domina... et domina Urraca. — Domina Urraca fuit uxor
» domini Ranimiri regis (1), frater Adefonsi regis... et habuit
» filios domino Sancio rex et domina Gilvira Deo vota. Iste Ra-
» mirus ex alia uxore Galliciensis nomine (2) habuit filium Ordoni
» regis (*sic*). »

Sampirus, chroniqueur espagnol du Xe siècle, après avoir ra-
conté la fuite de D. Sanche en Navarre, la maladie qui le défigu-
rait et le conseil que lui donnèrent ses parents d'aller à Cordoue
pour se faire guérir par les célèbres médecins arabes, conseil
que D. Sanche adopta, ajoute : « Ipsi (au datif) Agareni
» herbam attulerunt, et crassitudinem ejus abstulerunt a ventre
» ejus, et ad pristinam levitatis astutiam reductus est. » (Florez,
» *España Sagrada*, T. XIV, p. 455.) Et plus bas il dit que
Sancho « concilium iniit cum Sarracenis qualiter ad regnum sibi
» ablatum perveniret e quo ejectus fuerat. Egressus Cordubâ cum
» innumerabili exercitu, pergit Legionem ; at ubi terram regni
» sui intravit, et ab Ordonio auditum fuit ex Legione per noctem
» fugit et Asturias intravit et regnum quo ille caruit, Sancio
» suscepit. Ingressus Legionem edomuit omne regnum patrum
» suorum. »

---

connaître le premier, et auquel je suis heureux de pouvoir rendre en
public le témoignage de ma plus vive reconnaissance pour l'empressement qu'il a mis à me communiquer tous les renseignements utiles pour
l'histoire de Hasdaï, que je ne pouvais me procurer à Padoue, où cette
notice a été composée.

(1) Le manuscrit de Meyá est le seul à nommer la femme de Ramire II
Urraque, au lieu de Thérèse. Urraque, suivant Mariana et Campana, auteur des *Arbres généalogiques des familles royales d'Espagne* (Vérone,
1596. p. 46), est le nom de la femme d'Alphonse IV, frère de Ramire II.

(2) Le nom propre, qui manque sans doute ici, est incertain; voyez
Florez « *Reynas catholicas,* » t. I, p. 93 et suivantes, qui n'a pas connu le
man. de Meyá et qui se trompe quand il tâche de prouver que Ramire II
n'a eu qu'une seule femme.

(Note de M. Dozy.)

Le même récit est reproduit par Rodericus Santius (1), Va-
sœus (2), (qui ajoute cette particularité, que Sanche avait été réduit par les médecins arabes jusqu'à la maigreur, *usque ad maciem*),
Alphonse a Carthagena (3), François Tarafa (4), Lucius Marineus
Siculus (5), Mariana (6), et sur leur autorité par les auteurs d'histoire universelle, tels que les littérateurs anglais (7), Har-
dion (8), etc.

En outre, que la mère de D. Sanche le Gros, roi de Léon, ou
D. Thérèse, la femme de D. Ramir II, ait été fille de D. Sanche
et de D. Tota, c'est ce qui résulte aussi de plusieurs passages de
l'ouvrage de Moret, que nous avons cité (9), de son histoire de
la Navarre (10) et a été reconnu par Moreri, dans son article des
rois de Navarre.

Il est donc indubitable que Sanche le Gros, roi de Léon, fils de
Radmir II, petit fils de D. Tota, a séjourné, pendant qu'il était
chassé de son trône, à Cordoue, du temps de Hasdaï.

En conséquence, il était difficile de ne pas penser à lui, pour
l'identifier au fils de Radmir, que, selon Dounasch, Hasdaï avait
conduit à Cordoue, en compagnie de sa grand'mère. Mais cette
dernière circonstance inconnue aux auteurs chrétiens qui
parlent du voyage de Sanche, à Cordoue, me laissait encore indé-
cis, lorsqu'un passage du célèbre historien arabe Ibn-Khaldoun,
que M. Dozy a eu la bonté de me communiquer, est venu lever
tous mes doutes. Ce passage se trouve dans l'article sur Abdarrahman III. Le récit d'Ibn-Khaldoun a été copié par Al-Makkari

---

(1) *Rerum Hispanicarum scriptores*, t. 4, p. **341**.

(2) *Ibid.*, p. **600**.

(3) *Ibid.*, p, **643**.

(4) *Ibid.*, p. **715**.

(5) *Ibid.*, p. **816**.

(6) L.. c. p. **299** et suiv.

(7) *Histoire d'Espagne*, sect. 4ᵉ, de l'édit. ital., p. **307** et **313**.

(8) *Histoire universelle*, de l'édit. ital. de Venise, **1803**, t. XII, p. **193**
et **202-4**.

(9) L. l., p. **351**, **427**, **465**.

(10) *Annales del reyno de Navarre*, compuestos par el P. Joseph, de
Moret, T. I. Pamplona, **1766**. Liv. IX, chap. II, § I. Matrimonio del rey
D. Ramiro de Leon con la Infanta D. Teresa Florentina.

(man. de Gotha, fol. 79 v.) et traduit d'après ce dernier auteur par M. Romey (*Histoire d'Espagne*, t. IV, p. 213), et par M. de Gayangos (*the History of the Mohammedan Dynasties in Spain*, II, p. 139). Je vais reproduire ici la traduction de ce récit faite par M. Dozy, d'après le manuscrit de Leyde (n° 1350, t. IV, fol. 15 v.) et le manuscrit de Gotha de l'ouvrage d'Al-Makkari, et je la ferai suivre du texte qui n'a pas encore été publié, et que je dois à l'obligeance de M. Dozy.

M. Dozy remarque qu'Ibn-Khaldoun se trompe dans les noms propres; c'est, dit-il, ce qu'il ne fait pas seulement ici, mais dans tout ce qu'il dit sur cette époque de l'histoire de Léon. Voici le récit d'Ibn-Khaldoun. « García, fils de Sancho (l'auteur veut dire Sancho, fils de Ramire II; dans son chapitre sur les rois chrétiens de l'Espagne, il dit : Sancho, *frère* de Ramire II), » s'é-
» tait emparé de la Galice, après la mort de son père, Sancho, fils
» de Fruela, (lisez : de son frère Ordoño III, fils de Ramire II).
« Plus tard les Galiciens se révoltèrent contre lui, sous la con--
» duite du comte de Castille, Ferdinand, dont nous avons parlé,
» et lui substituèrent Ordoño, » (IV le Mauvais), fils de Ramire,
(dans son chapitre sur les rois chrétiens, Ibn-Khaldoun dit très-
bien : Ordoño, fils d'Alfonse), comme nous l'avons dit.

« Mais Garcia Sanchez (lisez : Sancho Ramirez) était petit-fils
» de Tota, fille d'Aznar et reine des Basques; celle-ci prit chaude-
» ment parti pour son petit-fils Garcia (lisez : Sanche), et se
» rendit auprès d'Abdarrhman (III), An-Nacir, l'année 347, pour
» le prier de conclure une alliance avec elle et son fils le roi
» Sancho Ramirez, (lisez : Garcia Sanchez, roi de Navarre), » et
» d'aider son petit fils, Garcia Sanchez (lisez : Sancho Ramirez),
» à reconquérir son royaume et de le mettre en état de vaincre
» ses ennemis. Les deux rois (Sancho de Léon et García de Na-
» varre) l'accompagnaient. An-Nacir les reçut avec les plus
» grands honneurs, conclut une alliance avec Sancho (lisez :
» Garcia), et sa mère, et donna des troupes à Garcia (lisez :
» Sancho), le roi de Galice. Avec leur aide son royaume lui fut
» rendu; les Galiciens détrônèrent Ordoño et reconnurent son
» compétiteur pour leur souverain. Celui-ci envoya une ambas-
» sade à An-Nacir pour le remercier de sa bonté, » etc.

وكان غرسية بن شانجه قد استولي علي جليقية بعد ابيه شانجه بن
فرويلة ثم انتقض عليه اهل جليقية وتولَّي كبرهم في ذلك قومس
قشتيلية فردلند وقد مرَّ ذكرهُ ومال الي اردون بن ردمير كما ذكرباه
وكان غرسية بن شانجه حافدا لطوطة بنت اشنو ملكة البشكنس
فامتعصت لحا فدها غرسية ووفدت علي الناصر سنة سبع واربعين
ملقية بنفسها في عقد السلم لها ولولدها شانجه بن ردمير الملك
واعانة حافدها غرسية بن شانجه علي ملكه ونصره من عدوه وجاء
المتلكن معها فاحتفل الناصر لقدومهم وعقد الصلح لشانجه وامه
وبعث العساكر مع غرسية ملك جليقية فردَّ عليه مُلكه وخلع الجلالقة
طاعة اردون اليه وبعث الي الناصر يشكره علي فعلته ❊

Comme on le voit, il est prouvé que D. Tota, et son petit-fils
D. Sancho, fils de Radmir, ont été à Cordoue, du temps de Hasdaï,
en 958. Et comme il n'est dit, ni par les historiens arabes, ni
par ceux de l'Espagne chrétienne, qu'aucun de ces personnages
ait été une autre fois à Cordoue, il me paraît indubitable que
le fils de Radmir, mentionné par Dounasch, dans sa poésie, est
le même que D. Sancho Ier, roi de Léon, et que c'est le voyage
qu'il fit à Cordoue en 958, avec son oncle et sa grand'mère, qu'a
eu en vue Dounasch, en parlant de lui.

La même opinion est adoptée par M. Dozy.

Maintenant, comment se fait-il que Dounasch dise non-seulement que D. Sancho a été conduit à Cordoue, par Hasdaï, mais
qu'à cette occasion ce dernier gagna des forteresses sur les chrétiens ? Car puisque nous avons vérifié par les historiens chrétiens
et musulmans que la partie du récit de Dounasch, qui concerne
le séjour de D. Tota et de son neveu, à Cordoue, est vraie,
pourquoi l'autre partie, celle qui regarde la prise de quelques
forteresses par Hasdaï, ne serait-elle vraie aussi? Le silence des
auteurs, qui sont fort concis sur l'histoire de cette époque, me
paraît ne prouver absolument rien, contre le témoignage d'un
écrivain contemporain qui n'avait aucun intérêt à mentir, et qui

d'ailleurs a été trouvé exact. Mais comment concilier le voyage tout pacifique de D. Sanche, avec la prise des forteresses, qui paraît indiquer au contraire un état de guerre entre Abdarrahman et D. Sanche ?

La conciliation est facile, si je ne me trompe, et la prise de possession de certaines places fortes par Hasdaï, au nom de son souverain Abdarrahman III, me paraît même un complément nécessaire du caractère pacifique du voyage de D. Sanche et de D. Tota, à Cordoue. Je vais m'expliquer.

Mais pour comprendre comment la prise de quelques forte-resses se lie avec le voyage de Sanche et de Tota, à Cordoue, il faut se rappeler les conditions du khalifat d'Espagne, au temps où cet événement se passa. Déjà avant le règne d'Abdalrahman III, les rois de Navarre avaient été un des principaux soutiens des fils de Hafsun, rebelles qui, pendant un long espace de temps, s'étaient soustraits à la dépendance des khalifes, et qui, après avoir conquis, à l'aide des chrétiens, presque la moitié de leurs États et avoir placé leur siége à Tolède, avaient pris hardiment le titre de roi. En 882, Garcie Ier, roi de Navarre, grand-père de celui que Hasdaï conduisit à Cordoue, avait laissé la vie dans un combat qu'il donna avec Omar ben-Hafsun, contre les troupes d'Abdallah, khalife de Cordoue (1). Ses fils qui lui succédèrent, Fortun et D. Sanche, mari de D. Tota, continuèrent sa politique et se liguèrent contre les khalifes avec Calib ben-Hafsun, fils d'Omar (2). Ce fut seulement après de longs efforts, qu'Abdalrahman III réussit à abattre leur révolte et qu'il s'empara de Tolède, après quarante-cinq ans de rébellion, dans l'année 927 (3). Mais les fils de Calib conservèrent encore quelque puissance dans la Catalogne, aux portes de la Navarre, et ce ne fut qu'en 944 qu'on réussit à les chasser de ce dernier refuge (4). Les rois de Léon n'avaient pas manqué de prêter de temps à autre leur appui aux

---

(1) Conde, *Historia de los Arabes en Espana*, édit. de Paris (1840), 2e partie, ch. 55, p. 154; ch. 56, p. 156.

(2) *Id.*, ch. 57, p. 157.

(3) *Id.*, ch. 73, p. 189.

(4) *Id.*, ch. 82, p. 214.

fils de Hafsun (1), et Ramire II, le père de D. Sanche, avait accueilli à sa cour un autre rebelle d'Abdalrahman, le wali de Santarem, Ibn-Ishak-ben-Omeya (2). En un mot, les rois de Léon et de Navarre avaient toujours cherché à exciter les Arabes contre leurs khalifes, parce que le pouvoir fort et compacte de ces derniers leur faisait peur, et parce qu'ils espéraient, grâce à leurs dissensions intestines, pouvoir élargir leur territoire et s'agrandir aux dépens de leurs ennemis. Cela en effet avait lieu, puisqu'Omarben-Hafsun, pour obtenir les secours des Navarrois, se fit leur vassal, leur tributaire, et non content de cela, les mit en possession des forteresses de la frontière (3). On conçoit maintenant quel était l'intérêt qui poussait Abdalrahman III à offrir son appui à Sanche Ier et à la reine Tota; il voulait en s'attachant les deux plus grands princes d'Espagne, en faire ses amis et mettre ses États à l'abri de leurs attaques. Dès lors, rassuré du côté des chrétiens, il aurait pu tourner tous ses efforts du côté de l'Afrique, où une horrible tempête allait s'amonceler contre lui. Il contestait depuis quelque temps la souveraineté du Maroc aux khalifes fatimites de l'Afrique, et il avait réussi à se faire proclamer khalife du Magreb, l'an 950. Mais Maad-ben-Ismaïl, surnommé Moezz-lidin-Allah, quatrième khalife Fatimite, qui avait succédé à son père en 952, pensait à recouvrer ses possessions du Magreb, et précisément en l'année 347 de l'hégire ou 958 de l'ère vulgaire, au mois de Safar, correspondant au mois de mai (24 avril-22 mai) de cette année, Abou-Hosaïn Djauher, fils d'Abdallah el-Rumi ou le Grec, commandant général de toutes les troupes de Moezz, partit de Kaïrwan, résidence du dernier, à la tête d'une armée nombreuse, destinée à soumettre celles des villes de l'Afrique qui reconnaissaient l'autorité d'Abdalrahman (4).

Cette circonstance, qui coïncide pour l'époque avec celle du voyage de D. Sanche et D. Tota, qui eut lieu selon Ibn-Khaldoun, dans la même année 347, mais probablement quelques mois plus

---

(1) *Id.*, ch. 73, p. 189.

(2) *Id.*, ch. 78, p. 205 et 206 ; ch. 80, p. 209, 210.

(3) *Id.*, ch. 55, p. 154.

(4) *Id.*, ch. 86, p. 224. Quatremère, Vie du khalife fatimite Moëzz-lidin-Allah, dans le *Journal asiatique*, 3e série, t. II. Paris, 1836, p. 405.

tard, puisque le mois de safar, dans lequel Djauher partit de Kaïrwan, est le deuxième de l'année musulmane, cette circonstance, dis-je, n'a pas dû rester sans influence sur la conduite d'Abdalrahman à l'égard de D. Tota et de D. Sanche. Il lui importait beaucoup de pouvoir rassembler toutes ses troupes pour faire front à Djauher, et de n'avoir à craindre aucun attaque de la part des chrétiens d'Espagne. Mais jusqu'à ce que Sancho fût rétabli sur son trône, il ne pouvait espérer cela.

Si D. Fernand Gonzalez, le comte de Castille, réussissait à raffermir Ordoño IV, le Mauvais, qui était sa créature, sur le trône de Léon, il aurait sans aucun doute tourné les forces de ce royaume contre le khalife de Cordoue, comme il l'avait fait dans la dernière année d'Ordoño III, avec le secours duquel il avait infligé une défaite terrible aux troupes mahométanes. Avant et après cette bataille, l'histoire rappelle plusieurs combats du comte de Castille, contre les musulmans (1), qui autorisent à croire qu'il serait tombé sur eux, aussitôt que leurs armées eussent été occupées en Afrique contre les Fatimites. A ces motifs qui devaient faire désirer à Abdalrahman la paix avec les rois chrétiens, s'ajoutait son âge déjà avancé, (il était presque septuagénaire), le besoin de repos et de tranquillité qu'il ressentait dans ses derniers jours (2), et le désir de laisser à son fils, qu'il savait être d'esprit peu guerrier et adonné à l'étude, un royaume sûr et bien défendu. En conséquence, Abdalrahman, ou son conseiller Hasdaï pour lui, pensa à mettre à profit pour son prince, le roi détrôné de Léon. Les Léonais, à ce qu'il paraît, n'étaient pas fort contents du nouveau roi que Fernand Gonzalez leur avait donné, puisqu'ils l'avaient surnommé le Mauvais. On dit même qu'ils firent savoir secrètement à D. Sanche, que las de la tyrannie d'Ordoño, ils s'en débarrasseraient volontiers, et le recevraient, lui D. Sanche, comme un libérateur, s'il se présentait dans le Léon, accompagné d'un corps respectable de troupes (3). La tâche des guerriers qui devaient remettre D. Sanche sur le trône, n'était

---

(1) Mariana, *Historia general de Espana*, liv. VIII, ch. 5 et 6. *Alphonse a Carthagena*, l. c. ch. 64, p. 643. Conde, l. c. ch. 76, p. 225.

(2) Conde, ch. 87 ; édit. de Madrid, p. 452-455.

(3) *Histoire des Littérateurs anglais*, t. LV, p. 313 de la trad. ital.

pas fort difficile, comme on le voit; et ne requérait pour être accomplie ni un grand nombre de troupes, ni beaucoup de temps. L'histoire n'a pas pris note, dit M. Romey (1), pas plus chez les Arabes que chez les chrétiens, des termes et des conditions du traité qui ne put manquer d'être conclu en cette occasion entre le roi chrétien détrôné et l'émir tout-puissant. Mais celui-ci qui n'embrassait pas la cause de D. Sanche, comme un paladin pour défendre le plus faible, ni seulement pour contenter son orgueil, afin qu'on dît de lui qu'il prenait et donnait des royaumes à qui il voulait, mais parce qu'il y trouvait son intérêt particulier, devait prétendre à une récompense pour ses services de la part du roi de Léon et de celui de Navarre, qui avait à cœur de remettre sur le trône un membre de sa famille détrôné par ses sujets. Cette récompense, en quoi devait-elle consister? en argent? mais Abdalrahman était trop riche pour que le roi dépossédé de Léon pût lui offrir une somme digne de lui; en territoire? — Oui; c'était la seule récompense qu'il importait à Abdalrahman d'obtenir, et je crois que ce qu'il proposa à D. Tota et à D. Sanche, en échange des troupes qu'il mettait à leur disposition, ce fut de lui céder quelques places- frontières dont la possession *seulement* pouvait l'assurer d'une tranquillité stable de la part des princes avec lesquels il traitait. Parmi ces places, dont Abdalrahman demandait la cession, il y en avait probablement du nombre de celles que ses sujets rebelles avaient vendues anciennement aux rois de Navarre, en échange de leurs secours; et en tout cas il ne faisait que réclamer de ceux-ci ce qu'eux-mêmes en d'autres temps et en circonstances différentes, avaient fait envers les fils de Hafsun, soulevés contre lui. Un demi-siècle plus tard, les princes chrétiens n'avaient pas encore oublié leur ancienne conduite, car la fortune leur étant redevenue favorable, lorsque Muhamad, descendant d'Abdalrahman et Souleïman l'Africain, se disputaient la couronne, ils vendirent leurs secours au second, pour quelques forteresses que celui-ci leur remit (2). Il est donc bien probable qu'Abdalrahman, en laissant même de

---

(1) *Histoire d'Espagne*, t. IV, p. 211.
(2) Conde, l. c., ch. 105, p. 283, de l'édit. de Paris.

côté son intérêt, pour ne pas paraître au-dessous des rois chrétiens, dans le moment même où il voulait leur faire sentir son
influence, dut agir à leur égard de la même manière qu'ils
s'y étaient pris avec ses rebelles, et leur demander les places
de la frontière en échange du secours efficace qu'il leur prêtait.
D'ailleurs, D. Sanche se trouvait dans une position où il ne
pouvait pas refuser les conditions qu'il convenait au bon plaisir
de son protecteur de lui imposer ; et d'un autre côté, les mahométans, accoutumés à combattre les chrétiens, qu'ils haïssaient
comme leurs ennemis mortels, ne se seraient pas résignés à
suivre le drapeau de Saint-Jacques, si tout en paraissant être les
amis des Espagnols, ils n'avaient vu devant eux un but qui ré-
pondît à l'avantage de leur nation et de la guerre sacrée, (c'est
ainsi qu'ils appelaient la guerre contre les chrétiens), tel que
celui qui consistait à s'emparer des forteresses de leurs ennemis.
On comprend aussi que cette guerre, toute fructueuse qu'elle
était pour les mahométans, devait leur coûter peu de sang, puisque le parti de D. Sanche était déjà disposé à le recevoir à bras
ouverts ; D. Fernand Gonzales était retenu dans son domaine
particulier, la Castille, par les armes du roi de Navarre, qui l'em-
pêchait ainsi d'aller au secours de son protégé (1), Ordoño IV ; et
les partisans du dernier, entourés d'ennemis au dedans et au
dehors, sans perspective de secours, devaient opposer peu de
résistance à l'armée musulmane.

On comprendra maintenant comment la prise de quelques
forteresses de la part de Hasdaï, qui n'était pas un guerrier, se
lie avec le voyage de D. Sanche et de D. Tota à Cordoue.

Abdalrahman, déjà averti des armements que les Fatimites
faisaient contre lui en Afrique, et connaissant d'ailleurs la situation de D. Sanche réfugié à Pampelune, expédia, je pense, son
fidèle Hasdaï vers la frontière orientale, où l'on combattait toujours contre les chrétiens, avec la mission d'entamer la discussion
d'un traité d'alliance avec le roi de Léon, et de l'amener, s'il était
possible, à Cordoue, pour discuter personnellement avec lui les
articles du traité. Hasdaï se porta aux frontières de la Navarre,

---

(1) *Histoire des Littérateurs anglais*, l. l. et t. LVIII, p. 152.

s'annonça peut-être en qualité de médecin, et proposa dans le même temps à D. Sanche deux choses fort utiles pour lui : la première était de faire disparaître la difformité résultant de son embonpoint, et la seconde, de lui restituer son trône s'il accédait à certaines conditions. Comme entre les forteresses, dont la cession constituait la principale de ces conditions, il y en avait aussi qui appartenaient à la Navarre, et que le roi de ce pays pouvait céder tout de suite, Hasdaï se les fit remettre et y plaça les troupes musulmanes. Mais Hasdaï, prétextant probablement que son emploi comme ministre des finances ne lui permettait pas de s'absenter trop longtemps de Cordoue, exhorta D. Sanche à se porter lui-même dans cette ville, où il lui promettait une réception digne de son rang, où il aurait respiré un air plus salubre, et où il l'aurait guéri de sa maladie. Là en outre il aurait eu l'avantage de traiter directement avec Abdalrahman sur le nombre et sur la qualité des troupes qu'il désirait, sur la manière d'attaquer Ordoño, sur les positions qu'il assignait aux troupes de son oncle Garcie, et celles qu'il réservait aux troupes du khalife, et les forteresses léonaises qu'il consentait à remettre entre leurs mains.

Pour l'accomplissement de ce plan, la présence de D. Garcie même, qui devait conduire une partie des opérations, était nécessaire, et D. Tota, qui s'immisçait dans toutes les affaires du royaume, et qui exerçait une grande influence sur son fils et son petit-fils, elle, qui aura été l'âme de ces événements, ne pouvait manquer d'accompagner ses descendants à la cour de Cordoue.

Qu'on s'imagine la rumeur que cette série de princes qui venaient, humbles et soumis, demander l'appui et la protection d'Abdalrahman aura dû élever dans Cordoue, et comment ce fait, en apparence insignifiant, aura dû chatouiller doucement l'orgueil des musulmans, et l'on comprendra les paroles de Dounasch dans lesquelles il vante le mérite de Hasdaï pour avoir conduit à un peuple qui lui est ennemi un prince, un preux, un roi, comme un pauvre diable réduit à faire un long voyage à pied, c'est-à-dire, comme un homme qui demande l'aumône, et qui a besoin du secours des gens compatissants. Après un séjour à Cordoue, pendant lequel Hasdaï avait réduit D. Sanche jusqu'à la maigreur en guérissant son corps de la grosseur et en diminuant son royaume de quelques villes, D. Sanche partit à la tête des troupes mahométanes qui devaient l'aider à regagner son trône, accompagné de Hasdaï, dont l'adresse et l'éloquence devaient persuader les sujets, encore rebelles, de D. Sanche, à le reprendre pour roi, et à remettre à lui Hasdaï, destiné à les recevoir au nom de son roi, les forteresses que D. Sanche avait consenti d'avance à lui abandonner. Le roi de Léon rétabli sur son trône, Abdalrahman se trouvant par là rassuré du côté de l'Espagne, entreprit le recouvrement du Magreb, que Djauher venait de conquérir pour les fatimites. Vers la fin dé 960, ou le commencement de 961, Abdalrahman fit préparer une nombreuse flotte et fit transporter des troupes en Afrique, où elles ne tardèrent pas à relever l'honneur de son nom. Les généraux andalous recouvrèrent à la pointe de l'épée, les villes et les places fortes perdues et firent reconnaître de nouveau en Afrique l'autorité d'Abdalrahman (1). Pendant que ces faits se passaient, Hasdaï retourna à Cordoue, où l'attendaient les faveurs de son prince, pour l'habileté avec laquelle il avait conduit une affaire si importante, pour la tranquillité dont elle l'assurait dans ses derniers jours; pour l'influence qu'elle lui avait fait acquérir dans les royaumes de Léon et de Navarre, et pour les conquêtes, opérées pacifiquement, par lesquelles elle avait agrandi son royaume. Il est naturel que cela rehaussât son mérite et étendît sa renommée, que ses conseils fussent toujours de plus en plus respectés, et que les courtisans, voyant la faveur dont il jouissait auprès du prince (faveur que Hasdaï, en vrai politique, cherchait à se faire pardonner par les bienfaits qu'il répandait autour de lui), aient montré de la déférence envers lui et l'aient souvent courtisé.

Qu'on relise maintenant les strophes 23-39 de Menahem, qui écrivait sous l'impression des ovations faites à Hasdaï après son retour de l'expédition de Léon, et l'on sentira que, sous le couvert de la poésie, il ne raconte que des faits fort probables ou très-vrais.

Je crois avoir suffisamment éclairci les faits célébrés dans les

---

(1) Romey, *Histoire d'Espagne*, t. IV, p. 253.

pièces des contemporains Dounasch et Menahem et les avoir mis d'accord avec les historiens latins et arabes. Mais il me reste à établir, sur des données positives, l'époque de ces faits, et en conséquence aussi celle de ces pièces.

M. Romey croit que ce fut en 956, aussitôt après avoir été chassé de son royaume, que D. Sanche alla à Cordoue; mais cette opinion ne paraît pas pouvoir se soutenir contre la concordance qu'il y a entre le témoignage d'Ibn-Khaldoun, qui place ce voyage en l'an 347 de l'hégire ou 958-59 de l'ère vulgaire et la conclusion où était arrivé le judicieux Moret en s'appuyant sur d'autres preuves et sans connaître le passage d'Ibn-Khaldoun, c'est-à-dire que le voyage de D. Sanche ne paraît avoir eu lieu qu'à la fin de 958 ou au commencement de 959 (1). En conséquence, nous croyons n'être pas loin de la vérité en admettant que la pièce de Dounasch fut écrite en l'année 959 (2).

Le départ de D. Sanche de Cordoue et son rétablissement sur le trône de Léon dut avoir eu lieu pendant les derniers jours de l'année 959 et les premiers de la suivante, comme Moret l'a bien démontré (3). En conséquence la pièce de Menahem a été écrite probablement en 960.

Maintenant, pour terminer ce que j'ai à dire sur Hasdaï, je n'ai plus qu'à parler de ses titres et de sa mort.

M. Carmoly a gratifié Hasdaï du titre de premier ministre d'Abdalrahman III (4); mais cela ne repose sur aucune autorité. Qu'il ait été ministre des finances, à la bonne heure; c'est ce qui résulte de documents authentiques; mais, premier ministre, c'est-à-dire, hâdjib, c'est impossible; puisque, s'il l'avait été, son nom paraîtrait dans les historiens arabes, tandis qu'ils gardent sur lui un silence absolu.

---

(1) Moret. *Annales del reyno de Navarra*, t. I, liv. IX, ch. 4, p. 455.

(2) Comme cette pièce sert d'introduction aux critiques de Dounasch, sur le lexique de Menahem, nous sommes autorisés à croire que l'époque de la publication de ce lexique n'est pas de beaucoup antérieure à l'année 959, mais probablement d'une ou deux années seulement.

(3) *Annales del reyno de Navarra*, t. I, p. 457, 459.

(4) *Literatur-Blatt des Orients*, 1841, c. 585, et *Histoire des Médecins juifs*, p. 30.

M. Rapoport a été mieux inspiré, lorsqu'il a décoré Hasdaï du titre de wézir (1), qui équivaut à celui de ministre chez nous ; et M. Munk partait, je pense, d'une fausse idée, lorsqu'il reprochait à M. Rapoport d'attribuer à Hasdaï un titre que celui-ci n'avait jamais porté (2).

J'admets, avec M. Munk (3), qu'après la chute de la dynastie des Omeyyades, et chez les rois de Grenade, le mot wézir ait signifié particulièrement le premier ministre ou vicaire du roi, ce qu'à la cour de Cordoue on nommait *hâdjib* ; mais, à cette dernière cour, les wézirs étaient les subordonnés du hâdjib, et il y en avait plusieurs, comme le prouvent plusieurs passages de Conde (4), qui, comme on sait, n'a fait, la plupart du temps, que traduire les textes arabes originaux. En conséquence, je maintiens le titre de wézir ou de ministre, que M. Rapoport donne à Hasdaï, mais je rejette celui de premier ministre que lui donne à tort M. Carmoly. Quant à l'année de sa mort, nous n'en savons rien de certain. M. Carmoly assure (5) posséder un manuscrit (il ne dit pas de quel ouvrage), dans une note duquel il est dit que R. Moïse, *vêtu de sac*, le célèbre rabbin capturé en mer et préposé à la communauté juive de Cordoue, au moment de sa mort, qui arriva en 960, se tournant vers Hasdaï, qui était près de lui, lui dit : « Hasdaï, je laisse la vie, prépare-toi à me suivre. » Six jours après, Hasdaï était mort. D'après cette note, Hasdaï serait mort en 960. Mais Ibn-Djoldjol, que nous avons cité au commencement de cette notice, dit expressément que Hasdaï est du nombre des personnes qu'il a vues, ainsi que le moine Nicolas, du temps de Mostanser Billah ou Alhakem II, et en compagnie desquelles il a vécu. Or, l'avénement d'Alhakem eut lieu en 961, et il est impossible que Hasdaï soit mort un an auparavant.

M. Carmoly nous pardonnera, si nous préférons le témoignage d'un contemporain à celui d'un manuscrit mystérieux, dont nous ne connaissons ni l'auteur ni la date.

---

(1) *Kalender und Jahrbuch für Israeliten*, Wien, 1844, p. 261.

(2) *Notice sur Abou-'lwalid*, etc., p. 95.

(3) *Ibid.*, p. 89, n. 1.

(4) 1re part., ch. 66, p. 176 ; ch. 83, p. 217.

(5) *Literatur-Blatt des Orients*, 1841, n. 39, c. 605.

M. Munk place la mort de Hasdaï sous le règne d'Alhakem (1), en se fondant peut-être sur les paroles d'Ibn-Djoldjol. Mais il ne nous paraît point nécessaire de déduire des paroles de cet auteur que Hasdaï ne survécut pas à Alhakem. Il y a même une circonstance rapportée par Abraham Ibn-Daud, qui nous fait supposer le contraire. Nous avons déjà dit que, selon ce chroniqueur juif, R. Hanokh, fils de R. Moïse, était protégé par Hasdaï, dont l'autorité faisait taire les prétentions d'un certain Joseph Ibn-Satanas, qui, fier de ses connaissances et d'avoir traduit par l'ordre du khalife Alhakem le Talmud en arabe, contestait la première place à R. Hanokh. Mais, à la mort de R. Hasdaï, Ibn-Satanas s'opposa ouvertement, appuyé d'un parti nombreux, à R. Hanokh, dont il prétendait occuper le poste ; les partisans de R. Hanokh ayant eu le dessus, il fut excommunié et réduit à s'enfuir. Il alla en Asie, où il espérait être reçu avec honneur par R. Hây, le dernier chef des académies de Babylone, et peu ami de R. Moïse et de R. Hanokh, qui avaient émancipé les juifs de son autorité ; mais il fut trompé dans son attente, car R. Hây lui défendit de se présenter devant lui, puisqu'il devait avoir égard à l'excommunication de R. Hanokh. Or, R. Hây ne devint président des académies orientales qu'en 997 ; ces événements se passèrent donc après cette année. Je veux bien admettre qu'ils arrivèrent dans les premières années de sa présidence, et qu'entre la mort de R. Hasdaï, l'opposition d'Ibn-Satanas et son excommunication, il se soit passé quelque temps, ce temps pourtant ne paraît pas avoir été fort long ; c'est pourquoi je pense que Hasdaï est mort vers 990.

Cela est d'autant plus probable que, d'après une judicieuse observation de M. Théodore Cohn (2), docteur en médecine, le motif que donne Ibn-Djoldjol de l'ardeur que mettait Hasdaï à la traduction de Dioscoride, motif qui était de s'attirer la faveur du prince Naser, semble indiquer qu'alors, en 951, il n'était pas aussi avant dans les grâces d'Abdalrahman que nous l'avons vu quelques années plus tard, et, en conséquence, il est probable,

---

(1) L. l., p. 63, n. 4.
(2) *Literaturblatt des Orients*, 1841.

dis-je, qu'il se trouvait encore dans son jeune âge, c'est-à-dire, vers la trentaine.

Maintenant que nous avons examiné tous les documents relatifs à notre héros, et que nous avons expliqué tous les actes de sa vie dont la connaissance est parvenue jusqu'à nous, nous allons récapituler avec brièveté les résultat de nos investigations.

Hasdaï, fils d'Ishak, fils d'Ezra, ayant pour nom de famille Ibn-Schaprout ou Schabrout, était d'une famille juive de Jaen, ville de l'Andalousie, dont peut-être il était natif lui-même.

Hasdaï pourtant, dès son jeune âge, vivait à Cordoue, alors résidence des khalifes omeyyades qui dominaient sur une grande partie de l'Espagne. Il s'adonna de bonne heure à l'étude de la médecine, et fut un des médecins qui contribuèrent à la traduction arabe de l'ouvrage sur les médicaments simples du Grec Dioscoride. Cette traduction, à laquelle les Arabes d'Espagne attachaient un grand prix, le fit entrer dans la faveur du khalife Abdalrahman, qui le récompensa en le nommant son ministre pour l'administration des finances, chose inouïe jusqu'alors pour un juif. Il faut dire pourtant que Hasdaï justifia pleinement la confiance que son maître avait placée en lui. Sa prudence qui le faisait distinguer des autres hommes, sa sagacité et la profondeur de ses conseils, l'art de persuader qui était dans ses paroles, son éloquence enfin et la connaissance qu'il avait des langues étrangères, par exemple du latin, le firent choisir plusieurs fois par son prince pour remplir des missions importantes et délicates. Ainsi, par exemple, il fut député vers Jean de Gorze, ambassadeur d'Otton Ier, roi d'Allemagne, pour reconnaître les vrais motifs de son ambassade, et pour lui persuader de se démettre de quelques prétentions, s'il voulait être présenté au khalife; et cela en 956.

Deux années plus tard, en 958, il était expédié vers D. Sanche Ier, roi dépossédé de Léon, neveu du roi de Navarre, D. Garcie Sanchez, pour lui persuader d'accepter les secours d'Abdalrahman afin de recouvrer son trône, et de céder à ce dernier en échange de ses secours un certain nombre de forteresses, tant du royaume de Navarre que de celui de Léon.

Hasdaï réussit dans sa mission et amena D. Sanche avec sa famille de Navarre, composée de sa grand'mère, D. Tota Aznarez, et de son oncle Garcie, avec leur suite, à Cordoue, où le traité d'alliance fut définitivement ratifié par les deux rois, et où les moyens pour faire réussir l'expédition projetée furent concertés. Hasdaï repartit avec D. Sanche et les troupes mahométanes, et aida par son éloquence le roi détrôné de Léon à recouvrer ses états, dans le même temps qu'il prenait possession, au nom de son roi, des forteresses qui devaient lui être remises.

Ces actions ne faisaient qu'accroître chaque jour l'influence dont il jouissait à la cour de Cordoue, où tous le respectaient et l'honoraient.

A la mort d'Abdalrahman, arrivée en 961, il conserva la haute position qu'il possédait, sous le roi son fils, Alhakem II.

Hasdaï était aussi versé dans la connaissance de la jurisprudence juive. Il était un de leurs premiers docteurs, leur juge suprême, et protégeait les pauvres sur lesquels il répandait incessamment ses bienfaits.

Ami des lettres, il voulait répandre parmi ses confrères de l'Espagne les connaissances qui jusqu'alors n'avaient été cultivées qu'en Orient, dans les académies de la Babylonie. Il faisait acheter dans les siéges de ces académies les livres les plus utiles pour atteindre son but, tels que des exemplaires de la Mischna et du Talmud, etc.Comme il ne suffisait pas d'avoir des livres, mais qu'il fallait aussi des gens qui sussent en profiter, il appelait à lui les savants les plus distingués de tous les pays du monde, pourvoyait à leurs besoins et les excitait à composer des ouvrages en tous genres.

Entre autres savants qu'il appela à Cordoue se trouvent Mena'hem ben Saruk, Dounasch ben Labrât et peut-être Yehuda Hayoudj. Tous ces auteurs s'appliquèrent à l'étude scientifique de la langue hébraïque, étude perfectionnée dans la première moitié du onzième siècle par Abou'lwalid Merwân Ibn-Djanah.

Outre ces auteurs plus célèbres, il y en avait d'autres qui excellaient dans la poésie, les libéralités et le savoir de Hasdaï étant un thème que les poëtes aimaient à traiter.

L'étude du Talmud avança également en Espagne par les soins de R. Moïse de Bari qui, par un heureux hasard, fut conduit en Espagne du temps de Hasdaï.

Après une longue carrière remplie d'événements, honorable

pour lui-même et utile pour les autres, Hasdaï Ibn-Schaprout s'éteignit paisiblement vers 990, en laissant un fils digne de lui, du nom de Joseph ou Jousouf. Car nous regardons comme très-probable que Jousouf fils de Hasdaï dont parlent les auteurs hébreux et arabes, et qui est célèbre pour une pièce de vers écrite en l'honneur de R. Samuel ha-Lévi qui vécut dans la première moitié du onzième siècle, est le fils de notre Hasdaï (1). Le prénom de Jousouf était Abou'Amr, et il est identique selon moi au *fils de Hasdaï* dont parle Ibn-Djana'h, et qu'il appelle par erreur Abou-Iousouf au lieu de Jousouf (2).

Ce Jousouf eut un fils à qui il donna le nom de son père Hasdaï et dont le prénom fut Aboul-Fadhl. Les auteurs arabes contemporains font de grands éloges de lui. Çaïd ben-Ahmed, son contemporain, dit qu'*il occupe dans les sciences spéculatives un rang que personne chez nous, en Andalousie, ne saurait lui disputer* (3).

La même chose est rapportée aussi par d'autres et montre que ce furent les juifs qui les premiers s'occupèrent, dans la première moitié du onzième siècle, de philosophie dans l'Espagne, et non les Arabes dont les premiers auteurs de philosophie, appartiennent seulement à la première moitié du siècle suivant ou douzième.

Quoique Abou'l-Fadhl Hasdaï ne paraisse pas avoir laissé d'écrits philosophiques il n'a pas dû rester sans influence sur le progrès des études philosophiques chez les musulmans, car son savoir presque universel le fit élever au rang de premier ministre du roi de Saragosse, Moktadir Ibn-Hoûd, où son exemple devait nécessairement jeter les musulmans dans la voie des recherches philosophiques (4).

Quelques auteurs arabes disent qu'il se fit musulman, mais Çaïd ben-Ahmed se tait sur ce point, et Saadias Ibn-Danân, auteur juif du quinzième siècle, le met en doute (5).

Je terminerai cette notice par un passage fort remarquable

---

(1) Munk, *Notice sur Abou-'lwalid Merwan Ibn-Djana'h*, p. 206-7.

(2) *Id.*, p. 72.

(3) *Id.*, p. 208.

(4) *Id.*, p. 209-10.

(5) *Id.*, p. 59-60.

d'Ibn-Abi-Oceibia, relatif à Aboul-Fadhl Hasdaï ben-Jousouf et
qui peut servir de pendant à celui par lequel nous avons com-
mencé, dans lequel Ibn-Abi-Oceibia parle d'Abou-Jousouf, Has-
daï-ben-Ishak.

« Abou'l-fadhl Hasdaï, fils de Jousouf, fils de Hasdaï, des habi-
» tants de la ville de Saragosse, et d'une des plus illustres familles
» juives d'Andalousie, des descendants de Moïse, le prophète,
» étudia les sciences suivant leurs différentes classes et acquit les
» connaissances selon leurs diverses méthodes. Il avait fait une
» étude solide de la langue arabe et obtenu une riche part dans
» l'art de la poésie et dans l'éloquence, il excellait dans l'arith-
» métique, la géométrie et l'astronomie, comprenait aussi l'art
» de la musique et cherchait même à le pratiquer. Il avait une
» connaissance solide de la logique, pénétrait dans les voies des
» recherches et de la spéculation, s'occupait aussi de la science
» physique, et avait des notions de médecine. Il vivait l'an 458
» (1066 de J. C.) et était alors dans son jeune âge (1). »

(1) Munk, *Notice sur Abou'lwalid Merwân Ibn-Djana'h*, p. 209.

FIN.

APPENDICE.

N° 1. [1]

דְּעֵה לִבִּי חָכְמָה וּבִינָה וּמְזִימָה
נְצוֹר דַּרְכֵי עָרְמָה שְׁמַע הַמּוּסָרִים
וְהַצֶּדֶק בַּקֵּשׁ וְאַל תְּהְיֶה עִקֵּשׁ
עֲבוּר לֹא תַּוָּקֵשׁ כְּלָבוֹת הַמּוּרִים
הֶגֵה תָּמִיד לַעֲנוֹת תְּשׁוּבוֹת מוּכָנוֹת
צְרוּפוֹת וּבְחוּנוֹת כְּזָהָב בַּכּוּרִים
הֱיֵה חַי תָּמִיד עֵר וְהִתְאָוֹת גּוֹעֵר
בִּיעָן אֶת שׁוֹעֵר לְרוּחוֹת וּבְשָׂרִים
וְאַל תִּתְאָו חָמָר זְמַן אָרוּךְ נִשְׁמָר
וְרֵיחוֹ לֹא נָמָר כְּשׁוֹקֵט בִּשְׁמָרִים
שְׁתוֹחוּ לָרַהַב בְּכוֹסוֹת הַזָּהָב
וְלִרְאוֹת לוֹ לַהַב בְּכוֹסוֹת סַפִּירִים

(1) Quoique je n'aie traduit que la seconde partie de la pièce de Dounasch, celle-ci seulement se référant à Hasdaï, je donne ici le texte entier de cette pièce, car c'est le plus ancien morceau de poésie métrique en hébreu que l'on connaisse. Les vers de Dounasch sont aussi intéressants pour la matière que pour la forme, car il y exhorte l'homme à mépriser les délices de la vie, comme la table, les vins, les bains, les jardins, les femmes, etc., et il forme par là un curieux contraste avec les poètes arabes, qui ne chantaient que plaisirs et voluptés.

Les points-voyelles, tant de cette pièce que de celle de Menahem, ont été ajoutés par mon père.

וּמַאֲכַל מִשְׁמַנִּים　וּמִינֵי מַעֲדַנִּים
בְּצֵל נִטְעֵי גַנִּים　מְסוּבִּים בַּנְּהָרִים
לְמַרְאֶה נֶחְמָדִים　כְּפָרִים וּמְגָּרִים
כְּרִמּוֹן וּשְׁקֵדִים　וְזֵתִים וּתְמָרִים
וְלֹא בָתֵּי מִדּוֹת　וְשָׂדֶה עִם שְׁדוֹת
מְקוּטָרוֹת קָדוֹת　וְקָנֶה עִם מוֹרִים
וְגוּלוֹת נִנְעָלוֹת　וּמְקוֹוֹת וּתְעָלוֹת
עֲלֵיהֶן אַיָּלוֹת　כְּאֵילוֹת הַיְעָרִים
בְּכָל־עוֹנוֹת עוֹרְגוֹת　וְאֵין לָהֶם פוּגוֹת
לִרְווֹת הָעֲרוּגוֹת　בְּמַיִם מוּגָּרִים
לְהָצִיץ נִצָּנִים　שְׁחוֹרִים וּלְבָנִים
וְצִיצִים כַּשָּׁנִים　כְּרָאשֵׁי הָאֲמִירִים
הֲלֹא זֶה הַהֶבֶל　לְשַׁחַת וָחֶבֶל
וְשִׂמְחָתוֹ אֵבֶל　וּמַמְתַּקָּיו מָרִים
וְרֹאשׁוֹ בַּהֲנָחָה　וְסוֹפוֹ לַאֲנָחָה
וְשִׂיחַ וְצַוְוחָה　וְשָׁאוֹן וּשְׁבָרִים
וְלָכֵן אַל תִּתְרַע　אֲשֶׁר מוּסָר יִפְרַע
וְהָרוּחוֹת יִזְרַע　וְסוּפוֹת לוֹ פוֹרִים (1)
בְּמֶרַע אַל תִּתְחַר　וְדַרְכּוֹ אַל תִּבְחַר
בְּלֵיל פֶּה, וּבְמָחָר　מְקוּמָּט בַּקְּבָרִים
וְהִתְחַר בַּיִרְאָה　וְקַנֵּא בַּמּוֹרֶה
תְּעוּדַת הַבּוֹרֵא　וּמַעְגַּל מֵישָׁרִים
וְהוֹרָה הַיּוֹצֵר　לְבָבוֹת, הַנּוֹצֵר
נְפָשׁוֹת, הַבּוֹצֵר　לִרְווֹחוֹת כַּבִּירִים
בְּשִׁירִים נִשְׁקָלִים　חֲדָשִׁים נִסְגָּלִים
בְּמִבְטָא נִגְבָּלִים　זְקוּקִים נֶחְקָרִים

(1) En marge : קוֹצְרִים.

וְשִׂים שִׁיר לִתְהִלָּה   לְהַשַׂר רֹאשׁ כַּלָּה
אֲשֶׁר כָּלִיל כָּלָה   גְּדוּדֵי הַזָּרִים
פְּאֵר וְהוֹד חָבַשׁ   וְיֵשַׁע אֵל לָבַשׁ
וְלַזָּרִים (1) כָּבַשׁ   עֲשָׂרָה מִבְצָרִים
וְהִרְבָּה הַזָּמִיר   בְּשַׁיִת וּבְשָׁמִיר
וְהוֹבִיל בֶּן רַדְמִיר   וְשָׂרִים וּכְמָרִים
גְּבִיר גִּבּוֹר מֶלֶךְ   הֵבִיאוּ כַהֲלָךְ
וּמַחֲזִיק בְּפֶלֶךְ   לְעַם הֵם לוֹ צָרִים
וּמָשַׁךְ הַשּׁוֹטָה   זְקֵנוֹ טוֹטָה
אֲשֶׁר הָיְתָה עוֹטָה   מְלוּכָה כִּגְבָרִים (2)
בְּכֹחַ חָכְמוֹתָיו   וּמָעוֹז עַרְמוֹתָיו
וְרֹב תַּחְבּוּלוֹתָיו   בְּחֵלֶק מַאֲמָרִים
לְאֻמִּים יַחְפְּזוּן   וְעַמִּים יִרְגְּזוּן
לְפַחְדוֹ יֵרָזוּן   בְּנַפְשָׁם גִּבּוֹרִים
וְכָל־מֶלֶךְ יֶחֱרַד   וּמְכַסָּאוֹ יָרַד
וְאֵלָיו לִסְפָרַד   מְשִׁיבִים אֲשְׁכָּרִים
מְשִׁיבֵי הַטַּעַם   בְּעֶבְרָה וָזַעַם
וּבִפְנֵיהֶם רַעַם   וְכֵן הָאַדִּירִים
כְּעֵין מַלְכְּם כֻּלָּם   בְּטַעְמוֹ הִפִּילָם
וְלִשְׁאוֹל הִשְׁפִּילָם   כְּרָקִים וַחֲסֵרִים
בְּמִזְרָח וּבְמַעֲרָב   שְׁמוֹ גָּדוֹל וָרָב
וּבֵית עֵשָׂו וָעֵרָב   בְּחַסְדּוֹ נִדְכָּרִים
לְעַמּוֹ טוֹב דּוֹרֵשׁ   וְקָמֵיהֶם גּוֹרֵשׁ
וְשׁוֹבֵר רַע חוֹרֵשׁ   וְגוֹזֵר מִתְגָּרִים

(1) J'ai traduit d'après le manuscrit de Leyde, qui porte: וְלַזֹרים.

(2) J'ai suivi le manuscrit de Leyde, qui a בִגְברים.

לְרַבָּם הוּא חָבֵר   וְעַל פִּשְׁעוֹ עוֹבֵר (1)

וּבְנַחַת דּוֹבֵר   בְּשִׁבְתּוֹ בִּשְׁעָרִים

וְהוּא לָאֶבְיוֹנִים   כְּמוֹ אָב לַבָּנִים

וְכַפּוֹ כַּעֲנָנִים   לְעוֹרְכֵי הַשִּׁירִים

כַּזָּהָב וּכְתָמִים   וְשֹׁהַם וּלְשָׁמִים

בְּחֹרֶף מַגְשִׁימִים   וְקַיִץ מַמְטִירִים

וְלִבְנֵי הַתּוֹרָה   יְשׁוּעָה גַּם אוֹרָה

וְהוֹנוּ אֶל סוּרָה   יְשַׁלַּח בִּסְפָרִים

לְהוֹרוֹתָם חֻקִּים   כְּנֹפֶת נִמְתָּקִים

וְדִינִים צַדִּיקִים   בְּרוּרִים וִישָׁרִים

וְכִרְאוֹתִי חֲמָדוֹ   בְּדַת אֵל וּבְפַחְדוֹ

אֲנִי מוֹדֶה חַסְדּוֹ (2)   צָעִיר כָּל־הַמּוֹרִים

הֲשִׁיבוֹתִי סֵפֶר   עֲלֵי פוֹתֵר, מֵפֵר

לְכֹל אִמְרֵי שֶׁפֶר   בְּמִלִּים נֶחְבָּרִים

בְּרֹאשׁוֹ שִׁירֵי לוֹ   בְּמִקְצָת מְהַלְלוֹ

בְּחַסְדּוֹ וּבְגָדְלוֹ   עֲלֵי כָל־הַשָּׁרִים

וְהוּא כֶּתֶר סְפָרִי   וְהַמְקִים פִּשְׁרִי

וְהַמְרִים זִכְרִי   עֲלֵי כָל־הַשָּׁרִים

וְאַחֲרָיו זֶה הַשִּׁיר   אֲשֶׁר עַתָּה אָשִׁיר

לִפְתֹּחַ וּלְהַיְשִׁיר   דְּרָכִים נִסְגָּרִים

---

(1) J'ai traduit d'après le manuscrit de Leyde, qui porte :

לְרַבִּים הוּא חבר   וְעַל פְּשָׁעִים עוֹבֵר

(2) En marge : . . . . אני דונש עבדו

№ 2.

לְגִבּוֹר בְּתֵעוּדָה
לְאַלּוּף בִּיהוּדָה
וּמַהֲרוּ בְשִׂמְחוֹת
וּפְנוּ הָאֳרָחוֹת
וַיָּבֹא שַׂר נֶאֱמָן
בְּיָמָיו לֹא אַלְמָן
תְּמַהֵרְנָה לִהְיוֹת
תְּרַנֵּנָּה צִיּוֹת
וְתָגֵל הָעֲרָבָה
לְרֹאשׁ כַּלָּה כִּי בָא
אֲשֶׁר מִדֵּי הֲלָכִים
מְאֹרוֹת נֶחְשָׁכִים
וְעִיר הַהֲלָלָה
לְאַחֲרָיו מֻשְׁפָּלָה
וְשָׁמְמוּ אֶבְיוֹנָיו
וְלֹא רָאוּ פָנָיו
וּמָשְׁלוּ הַזֵּדִים
וְהָיוּ כַעֲבָדִים
וְשָׁמְנוּ עָרִיצִים
וְגָבְרוּ הַיּוֹעֲצִים
לִבְלֹעַ הוֹנָם
וְהֶאֱרִיכוּ לְשׁוֹנָם

וְתוֹרָה הַחֲמוּדָה
שְׂאוּ שָׁלוֹם הָרִים
בְּכָל אַרְבַּע רוּחוֹת
וְעִבְרוּ בַשְּׁעָרִים
וְנֶטַע הַנַּעֲמָן
יִשְׂרֹן לְדוֹרִים
מְשַׂחֲקוֹת כָּל־פִּיּוֹת
וּמִדְבָּר וִיעָרִים
וְהִפְרַח בַּחֲנוּכָה
בְּשִׂמְחָה וּבְשִׁירִים
פְּעָמָיו בַּדְּרָכִים
וְהָיוּ נִקְדָּרִים
בְּיִפִי נִגְבְּלָה
וְיֹשְׁבֶיהָ עֲכוּרִים
בְּהֶעָלֵם עֵינָיו
מְאִירוֹת כַּמְאוֹרִים
כִּלְכְתּוּ, בַּשְּׂרִידִים
קְנוּיִם וּמְכוּרִים
וְהַנִּגְשִׂים אָצִים
וְרַבּוּ הַקְּשָׁרִים
וְחֵילָם וַהֲמוֹנָם
וְנָהֲמוּ כַּכְּפִירִים

וְהִשְׁתּוֹמְמוּ כֻלָּם   לְמַעַן סָר צֶלֶם
וִימַקֵּל אֶת־הָעֹלָם   גְּדֹלִים וּצְעִירִים
אֲשֶׁר נַפְשָׁם חַיָּה   וְגַם הָיֹה הָיָה
כְּפִלֶג בַּצִּיָּה   וְגַם מֵיִם קָרִים
וְהֵסִיר אֶת־סִבְלוֹ   לְעֻמּוֹ גַם חֶבְלוֹ
וְנַפְשׁוֹ עָגְמָה לוֹ   וְרַחֲמָיו נִכְמָרִים
וְשֵׁבֶט נֹגֵשׂ בּוֹ   שָׁבְרוּ מִקִּרְבּוֹ
וְגַם מָנַע מִבּוֹא   עֲלֵיהֶם אַכְזָרִים
אֲשֶׁר אֵין בִּלְעָדָיו   כְּרַחֲמָיו וַחֲסָדָיו
שָׁלְחוּ לִשְׂרִידָיו   לְמִחְיָה וּמְזוֹרִים
וְהוּא הַשָּׁם חַיָּיו   יְשׁוּעָה לִפְדוּיָו
וְדַלָּיו וַעֲנִיָּיו   בְּיָמָיו נֶעֱזָרִים
וְהִזְכִּירָם צֵאתָם   דְּרוֹר מֵעַבְדוּתָם
וְגַם נָשְׂאוּ אוֹתָם   עֲלֵי כַּנְפֵי נְשָׁרִים
בְּעֵת פָּנָה אֲלֵיהֶם   בְּאֶרֶץ לֹא לָהֶם
וְהֵסִיר מֵעֲלֵיהֶם   עֲבוֹדַת הַמִּצְרִים
וּמִמָּרוֹם הֶעָרָה   יְשׁוּעָה גַּם־עֶזְרָה
וְעָלֵימוֹ נִקְרָא   אֱלֹהֵי הָעִבְרִים
וְהָעַמִּים בֻּזַּר   וְעַצְמוֹתָם פֻּזַּר
וּבִימִינוּ גָזַר   יַם־סוּף לִגְזָרִים
אֱלוֹהַּ כָּל־בָּשָׂר   הֵקִימוּ לָהֶם שַׂר
לְהוֹדִיעַ מוּסָר   לְהָבִין נִמְהָרִים
וְהִצְלִיחַ דַּרְכּוֹ   שָׁלְחוּ בּוֹ מַלְכּוֹ
וְעָרַב חִין עֶרְכּוֹ   כְּמִנְחַת כִּפּוּרִים
וְנָתַן אֶת־חִנּוֹ   בְּעֵין מֵלִי מֶנּוּ
לְקָצִין גַּם קַרְנוֹ   עֲלֵי שַׁרְיוֹ הָרִים
וְאֵין דָּבָר דָּבָר   בְּכָל מָקוֹם עָבַר

בְּעֶזְרַת אֵל גָּבַר   כְּכֹל הַגִּבּוֹרִים

וּפָתַח בְּנִיבוֹת   וְנֹעַם מַחֲשָׁבוֹת

בְּלֹא חֵץ וַחֲרָבוֹת   מְדִינוֹת גַּם־עָרִים

וְגֵרֵשׁ מֵחֻבּוֹ   לְאֹם הָאֵל קִבּוֹ

וְשָׁלַף אֶת־חַרְבּוֹ   וְכִלָּה הַצָּרִים

אֲשֶׁר הוֹזִים שֹׁכְבִים   וְדוֹמִים לִכְלָבִים

וְגֵדַע נִתְעָבִים   וְאֹכְלֵי הַחֲזִירִים

וְצָר מִכָּל פִּנָּה   בְּחָכְמוֹתָיו עָנָה

וְחָפְשֵׁי הַצִּנָּה   לְפָנָיו נִבְעָרִים

וְהֹלְכִים בָּרְמָחִים   לְפָנָיו הֵם שָׁחִים

וּמַחֲזִיקֵי שְׁלָחִים   כְּלֵי קְרָב נֶחְגָּרִים

וְרֹכְבֵי הַסּוּסִים   הֲלֹא גַם־דֶּהֶם נָסִים

נְמוֹגִים וּנְמַסִּים   נְפוֹצִים וּפְזוּרִים

וְכֻלָּם נֶחְבָּאִים   מְפַחֲדִים וִירֵאִים

וּמִפָּנָיו בָּאִים   בְּנִקְרוֹת הַצּוּרִים

אֲשֶׁר עוֹלֶה עָלֹה   לְמַעְלָה מַהֲלָלוֹ

נְדִיבִים יַחֲלוּ לוֹ   כְּמוֹ טַל וּמְטָרִים

לְמַלְקוֹשׁ פֶּה פָּעֲרוּ   וּבְדִבְרוֹ נֶחֱרוּ

וּמִפָּנָיו עָצֲרוּ   בְּמִלִּים כָּל־שָׂרִים

וְכִחֲדוּ אֶת־שִׂכְלָם   וְגַם פִּיהֶם נֶאֱלָם

וּמִשְׂכְּלוּ כֻלָּם   יְמַשְׁשׁוּ כַעִוְרִים

וְגַם נָהֲרוּ אֵלָיו   וְאֶל טוֹב מִפְעָלָיו

וְתַחַת כַּף רַגְלָיו   יְלַחֲכוּ הֶעָפָרִים

וְהוּא בִּמְלִיצוֹתָיו   כְּקֹל בִּמְרוּצוֹתָיו

וְגַם כֹּל מוֹעֲצוֹתָיו   כְּשׁוּאָל בָּאוּרִים

וּמְחַיָּה לַנְּשָׁמוֹת   שְׂפָתָיו בִּנְעִימוֹת

וּמַרְפֵּא הָעֲצָמוֹת   גַּם חַי בַּשָּׂרִים

לִנְכֹחוֹ וּלְמוּלוֹ לְמִשְׁכָּנָם אֶצְלוֹ

לְמַעַן רַב שִׂכְלוֹ עֲלֵי כָל הַמּוֹרִים

וְיָדַעְתִּי כִּי לֹא יְהִי עֹל אֶצְלוֹ

וְהָאֱמֶת גּוֹרָלוֹ וְלֹא שָׁוְא וּשְׁקָרִים

וְחֵן שֶׁקֶר פָּצָא לְפָנָיו לֹא יִמְצָא

וְהַצֶּדֶק רָצָא וְאוֹהֵב מֵישָׁרִים

וְלִבִּי יִתְעוֹרֵד לְהָשִׁיב וּלְבָרֵר

דָּבָר הַמְשֻׁחְרָר עֲלֵי כָל הַפּוֹתְרִים

וְזֶה הוּא כֶּן־לַכְּרַאט אֲשֶׁר בַּשָּׁוְא יָרַט

וְחָשַׁב כִּי פָּרֵט וְכָלַל בָּאֲמָרִים

לְשׁוֹן קֹדֶשׁ הִכְרִית אֲשֶׁר הִיא לִשְׁאֵרִית

בְּשָׁקְלוֹ הָעִבְרִית בְּמִשְׁקָלִים זָרִים

אֲשֶׁר בָּם נֶחְצִים פְּתוּחִים וּקְמוּצִים

וְיִהְיוּ נִפְרָצִים גְּדֵרוֹת נִגְדָּרִים

וּבִתְשׁוּבוֹת עֻזּוֹת הֲשִׁיבוֹתִי עַל־זֹאת

וְהוֹאֵל נָא לַחֲזוֹת חֲכַם כָּל־הַיְצוּרִים

וְאַל תָּבוּז מְלַי וְגַם לִפְנוֹת אֵלַי

וְהַט חֶסֶד עֲלֵי וְהוֹכֵחַ בִּדְבָרִים

הַאֲזִינָה עֲדִי אֲדֹנִי רַב חֲסָדַי

וַיְאַזִּין אֵל שַׁדִּי דְּבָרְךָ כַּמְצָרִים

וַיָּרִיב אֶת־דְּרִיכֶיךָ וְשַׂמַּח אֹהֲבֶיךָ

וְגַם כָּל־אֹיְבֶיךָ יְהוּ כִּיקָר כָּרִים

וְיָמֶיךָ אֲרֻכִּים שְׁמוּרִים וַעֲרוּכִים

מְבֹרָכֶיךָ בְּרוּכִים וְאַרְדֵּיךְ אֲרוּדִים

Paris. — Typ. de Mme Ve Dondey-Dupré, rue Saint-Louis, 46, au Marais.